순자가 들려주는
마음 닦는 이야기

순자가 들려주는

마음 닦는 이야기

ⓒ 윤무학, 2006

초판 1쇄 발행일 2006년 7월 21일
초판 15쇄 발행일 2022년 6월 3일

지은이   윤무학
그림   박기종
펴낸이   정은영

펴낸곳   (주)자음과모음
출판등록   2001년 11월 28일 제2001-000259호
주소   10881 경기도 파주시 회동길 325-20
전화   편집부 (02)324-2347 경영지원부 (02)325-6047
팩스   편집부 (02)324-2348 경영지원부 (02)2648-1311
e-mail   jamoteen@jamobook.com

ISBN 978-89-544-1951-2 (64100)

순자가 들려주는

마음 닦는 이야기

윤무학 지음

|주|자음과모음

 사람은 태어나면서부터 혼자가 아닙니다. 갓난아이가 있으면 어머니
가 있고, 가족이 있으며, 국가가 있게 마련입니다. 따라서 개인은 어느
부모의 자식으로서 한 가정과 한 국가의 구성원이 됩니다. 서양의 아리
스토텔레스와 마찬가지로 사람의 존재를 사회적 구성원이라고 본 철학
자가 순자입니다.

 사람은 자연과 더불어 살아가게 됩니다. 자연에는 사람과 구분되는 하
늘과 땅, 해와 달 같은 외부 자연이 있고, 사람의 자연스러운 욕망이나
본능 같은 내부 자연이 있습니다. 그러나 우리는 있는 그대로의 자연을
방치해 두고서는 살아갈 수 없습니다. 따라서 외부 자연은 개간하거나
농사를 지어야 하고, 갓난아이는 교육을 통해 훌륭한 성인으로 성장하
도록 이끌어 주어야 합니다. 이러한 과정을 문화라고 합니다. 문화는 곧

인간에 의해 인위적인 힘이 가해진다는 뜻입니다. 자연을 극복하고 인간의 문화를 일으켜야 한다고 강조한 대표적 철학이 공자-맹자-순자로 이어지는 유교입니다.

순자는 중국 전국시대 말기에 공자의 계승자임을 자처하고 활동한 철학자입니다. 당시는 천자를 정점으로 하는 주나라의 통일적 질서가 붕괴되면서 정치, 사회, 문화 등 모든 분야에서 각국의 대립과 갈등이 첨예화되었고, 결국 진나라에 의한 통일을 눈앞에 둔 시점이었습니다. 따라서 순자의 문제의식은 분열된 정치 사회의 안정과 통일이었습니다. 또한 백가쟁명이라고 하는 사상적 분열을 어떻게 극복하고 통일할 수 있는가에 관심이 집중되어 있었습니다. 이것은 철학적으로 인간과 자연(신), 인간과 사회의 관계를 어떻게 설정할 수 있는가의 문제였습니다.

우리나라에서 '순자'에 대한 일반적 생각은 성악설과 관련되어 있으며 그것을 맹자의 성선설과 대비시키고 있습니다. 그러나 성악설은 순자 철학의 극히 일부분이며, 사실 인간의 모든 본성이 악하다는 주장은 아닙니다. 오히려 성악설은 자연스러운 본능을 인간 이해의 전제로 수용하며, 인위적인 노력 예컨대 교육이나 학습 등을 통하여 이상적 인간형을 추구하였습니다.

악의 가능성이 있는 자연성을 극복하기 위해서는 교육이 필수적입니다. 순자는 인간과 자연이 다르면서도 동시에 같은 점이 있기 때문에 양자를 통일시킬 수 있으며, 이것을 인간 내부에 적용해 볼 때에도 같은 논리가 적용될 수 있다고 보았습니다. 그러므로 악의 가능성이 있는 자연스러운 본능은 버려두는 것이 아니라 극복해야 한다는 것입니다.

고대 철학에서 인간의 자연스러운 욕망의 긍정은 인간에 대한 신뢰를 손상시킬 우려가 있다는 점에서 쉬운 일이 아니었습니다. 역설적으로 성선설보다는 성악설이 오히려 인간에 대한 강한 신뢰를 전제하는 것이며, 이로부터 개체성이나 다양성의 가치가 추론될 수 있습니다. 순자는 개인적인 욕망을 긍정하면서도 공동체적 윤리를 갖춘 인간형을 '군자'로 보고, 예와 법의 주체로서 설정하고 있습니다. 이것은 오늘날 시민 의식의 전형으로 수용할 만한 점입니다. 자신의 이익이나 욕망의 실현을 배제하지 않으면서 수양을 통한 남에 대한 배려와 책임을 강조하기 때문입니다.

끝으로 난해한 동양철학의 내용을 동화를 통해 자연스럽게 이해할 수 있도록 꾸며 준 (주)자음과모음 출판사에 감사의 말을 전합니다.

아무쪼록 청소년들이 이 책을 통해 인간과 자연의 관계를 이해하고 자신과 사회의 관계를 설정하는 데 도움이 되길 간절히 바랍니다.

윤무학

C O N T E N T S

프롤로그

안녕하세요? 제 이름은 이옥림이에요.

참 예쁜 이름이라고요? 이름만큼이나 성격도 착하고 다소곳할 것 같다고요? 크크.

사실 저는 동네에서 소문난 말썽꾸러기랍니다.

지금까지 제가 한 장난만 해도 이루 다 열거하기가 힘들 정도예요. 그럼 어디 한번 제 얘기를 들어 보시겠어요?

제가 옆집 옥이네 강아지를 너무 괴롭힌 나머지 옥이네는 얼마 전 강아지를 시골집으로 보내 버렸어요. 그리고 윗집 명훈이는 제가 수학 점수를 빵점 맞았다고 계속 놀리니까 부모님한테 이사 가자고 매일 졸라 댔죠. 아랫집 수호 역시 제가 자전거 타이어를 너무 많이 펑크 내자 도저히 참지 못하고 자전거를 팔아 버렸어요.

사실 그 정도는 아주 사소한 편에 속한답니다. 저와 같은 반 아이 몇몇은 제 짓궂은 장난을 견디지 못하고 이웃 학교로 전학을 가기도 했어요.

저희 집에서는 남아나는 물건이 거의 없답니다. 뽑기를 만들어 먹는다고 냄비와 국자를 태운 일이 세 번, 과학 실험을 하겠다면서 장난감을 불태워 화재가 날 뻔한 일이 두 번, 드라이어와 라디오를 물에 담가 고장 낸 것이 네 번이니까요. 상황이 이렇다 보니 우리 엄마, 아빠는 동네에서 고개를 들고 다닐 수가 없다며 매일 저를 혼내세요. 하지만 아무리 눈물 쏙 빠지게 혼내도 다음 날이면 또 누군가가 달려와 "옥림이가 또 사고를 쳤어요!" 하고 알린대요.

이제 여름방학이에요. 저한테는 맘 놓고 장난칠 절호의 기회이지요! 벌써부터 가슴이 설레요.

제 여름방학 이야기, 한번 들어 보실래요?

옥림이, 청학동에 가다

 들지 않는 것은 듣는 것보다 못하며, 듣는 것은 보는 것보다 못하다.
보는 것은 아는 것보다 못하며, 아는 것은 이를 행동하는 것보다 못하다.

― 순자

1 사고뭉치 이옥림

"이옥림! 올 여름방학은 청학동 여름학교에서 보내는 거다!"

아버지의 불호령이 떨어지자마자 옥림이의 커다란 눈에서 눈물이 뚝뚝 떨어졌다.

"싫어요, 아빠!"

옥림이는 울음 섞인 목소리로 아빠에게 매달렸다. 옥림이는 텔레비전에서 청학동 여름학교의 모습을 본 적이 있었다. 훈장님에게 회초리를 맞고 우는 아이들, 집에 가고 싶다며 우는 아이들, 공부하기가 너무 힘들다며 우는 아이들. 그곳에는 죄다 우는 아이들 뿐이었다.

"그래요, 여보. 옥림이가 청학동에 가서 어떻게 견디겠어요?"

엄마가 옥림이를 안아 주며 거들었다. 그러나 아빠의 표정은 단호하기만 했다.

"이제 나도 더 이상은 참을 수 없어! 당신이 매일 옥림이 편을 드니까 옥림이가 저렇게 말썽꾸러기가 된 거라고!"

아빠는 아까보다 더 큰 소리로 화를 내셨다.

큰 키에 얼굴도 예쁘장하게 생긴 옥림이는 어렸을 때부터 동네에서 소문난 말썽꾸러기였다. 덩치 좋고 운동 잘하는 남자 아이들을 물리치고 항상 골목대장 노릇을 했으며 동네에서 무슨 사고만 났다 하면, 범인은 옥림이였다. 이제 동네 어른들은 옥림이 이야기만 나와도 혀를 쯧쯧 차거나 고개를 절레절레 흔들었다.

"아무리 혼내도 말을 듣지 않으니 옥림이를 어쩌면 좋죠?"

"이제 여름방학이니 더 걱정이네. 또 어떤 말썽을 일으킬지, 에휴."

여름방학을 앞두고 옥림이의 부모님은 옥림이를 어떻게 교육시키면 좋을지 밤마다 한숨을 쉬며 고민하였다.

그러다가 바로 어제 일이 터진 것이었다.

어제는 옥림이가 기다리고 기다리던 여름방학이 시작된 날이었다. 옥림이는 집으로 돌아오자마자 가방을 내팽개치고 신나게 달려 나갔다.

"수호야, 놀자!"

옥림이는 아랫집에 사는 수호와 놀 생각 아니, 사실은 놀려 줄 생각이었다.

'오늘은 멍청한 수호를 어떻게 골려 줄까?'

수호는 옥림이가 아무리 자신의 자전거 타이어를 펑크 내도 단 한 번도 화를 내지 않을 만큼 착한 아이였다. 그런 수호를 옥림이는 멍청하다고 생각하면서 자꾸만 놀려 댔다.

옥림이가 부르는 소리에 수호가 곧 현관문을 열고 나왔다. 그런데 수호의 얼굴이 무척이나 창백해 보였다.

"나 오늘은 너랑 같이 못 놀 것 같아. 내가 좀 많이 아파."

옥림이가 보기에도 수호는 정말 아파 보였다. 이마에 식은땀이 송골송골 맺혀 있었다.

"거짓말하지 마! 나한테 맞고 싶어?"

옥림이는 자신의 주먹을 수호에게 들이밀었다. 놀러 가자는 말을 한 번도 거절한 적이 없던 수호였기 때문에 옥림이는 더 화가 났다.

"그, 그럼 잠깐만 놀자."

수호는 기운 없는 목소리로 대답하고는 어쩔 수 없이 옥림이를 따라나섰다.

"우리 저기 공사장에 가서 놀자!"

옥림이는 아파트 근처에 새로 짓고 있는 식당 공사장에 가자고 했다. 그곳에는 놀 거리가 많았다. 모래 장난도 할 수 있었고 벽돌 쌓기 놀이도 할 수 있었다. 가끔 공사장 인부 아저씨들이 혼을 내기도 했지만 그런 것에 아랑곳할 옥림이가 아니었다.

쉬는 날인지 공사장에는 인부 아저씨들이 하나도 없었다. 옥림이는 너무나 신이 났다.

"강수호! 이쪽으로 와 봐! 여기서 누가 멀리 뛰어내리나 시합하자!"

옥림이는 자신의 키보다 높은 곳에 올라가서 소리쳤다. 수호는 쭈뼛거리며 마지못해 옥림이를 따라 올라왔다.

"자, 네가 먼저 뛰어내려 봐!"

옥림이가 허리에 손을 얹고 이렇게 말하자 수호의 표정이 금세 울상이 되어 버렸다.

"위험할 텐데……."

"야! 빨리 뛰어내려!"

옥림이는 무서워하는 수호의 표정을 모른 척하며 자꾸 재촉하였다.

"아얏!"

그때였다. 수호의 발이 바닥에서 폴짝 뛰어오르던 순간, 수호의 비명 소리가 공사장에 울려 퍼졌다. 발을 헛디딘 수호가 바닥으로 추락한 것이었다.

"아얏, 엉엉!"

수호는 창백해진 얼굴로 다리를 부여잡고 엉엉 울기 시작했다. 하지만 수호보다 얼굴이 더 새파래진 것은 다름 아닌 옥림이였다.

'으아! 난 이제 죽었다!'

결국 수호는 다리가 부러져 병원에서 치료를 받아야 했고 여름 방학 내내 목발을 짚고 다녀야 했다.

이런 일이 벌어지자 옥림이 아버지는 옥림이를 청학동 여름학교에 보내기로 결정한 것이다. 옥림이 아버지는 주변에서 청학동 여름학교에 다녀온 이후로 아이들이 말도 잘 듣고 효자, 효녀가 되었다는 이야기를 여러 번 들었다. 물론 청학동을 갔다 온다고 말썽꾸러기 옥림이가 갑작스레 착한 어린이가 되지는 않겠지만, 여름방학 동안만이라도 동네에서 사고 치는 것을 막아 보자는 의도에서 이런 결정을 하게 되었다.

"아빠! 다시는 말썽 부리지 않을게요. 제발 청학동에는 보내지 마세요! 여름방학 동안 정말 열심히 공부할게요, 네?"

아무리 옥림이가 울면서 반성하는 척해도 아버지의 결심은 쉽게 흔들리지 않았다. 옥림이는 결국 울면서 가방을 꾸려야 했다. 그리고 바로 다음 날, 옥림이는 청학동으로 가는 버스에 올랐다.

2 청학동, 여기는 어디야?

버스에서 내리자 지독한 거름 냄새가 코를 찔렀다.

"웩! 이건 무슨 냄새람!"

옥림이의 표정이 저절로 찡그려졌다. 반면 한 손에는 옥림이의 손을 잡고 다른 한 손에는 옥림이의 가방을 들고 계신 엄마는 오히려 환한 표정을 지었다.

"으음, 지리산 공기가 정말 맑구나! 여기서 생활하면 우리 옥림이도 정말 튼튼해지겠는데?"

옥림이는 엄마의 말에 입을 삐죽거렸다. 하지만 옥림이를 더욱 더 놀라게 하는 것은 주변의 풍경들이었다. 아무리 주변을 이리저리 둘러보아도 온통 산뿐이었다. 옥림이가 좋아하는 놀이터나 장난감 가게는 눈을 씻고 찾아봐도 찾을 수 없었다.

"여기서 조금만 걸어가면 청학동이야. 청학동은 백 명 정도의 사람들이 살고 있는 작은 마을인데, 청학동 사람들은 전통 가옥에 살면서 한복을 입고 생활한대. 어린이들은 결혼하기 전까지 남자든 여자든 머리를 길게 땋아 내리고 학교가 아닌 마을의 서당에서 공부를 한단다. 텔레비전에서 본 적 있지?"

옥림이는 엄마의 설명에 관심 없다는 듯 딴청만 피울 뿐이었다.

마을 입구에 도착하자 옥림이처럼 여름 캠프에 참가하고자 엄마, 아빠의 손을 잡고 온 아이들이 많이 모여 있었다. 아이들은 저마다 들뜬 표정으로 자기들끼리 수다를 떨거나 이곳저곳을 뛰어다니며 놀고 있었다.

'흥, 뭐가 저렇게 좋다고! 정말 유치해!'

옥림이는 모든 것이 불만스러웠다. 곧 엄마와 헤어져 혼자 남겨질 생각을 하니 눈물이 나려고 했다.

그때 텔레비전에서 보았던 것처럼 한복 차림에, 상투를 틀고 수

염을 길게 기른 훈장님이 나타났다. 훈장님 옆에는 머리를 길게 땋아 내린 옥림이 또래의 남자 아이가 서 있었다. 두 사람이 나타나자 마을 입구에 모여 있던 많은 사람들이 신기한 듯 웅성거리기 시작했다.

"어머, 저분이 바로 훈장님인가 봐!"

"하하, 그런데 저 옆에 있는 꼬마 아이는 누구람? 남자 아이인데 머리를 길렀네?"

"엄마, 훈장님 너무 무섭게 생겼어요!"

옥림이도 눈을 동그랗게 뜨고 두 사람을 바라보았다. 마치 조선 시대의 사람을 보는 듯해 재미있었다.

"흠흠, 모두 조용히 하십시오. 저는 청학동에 살고 있는 이수윤이라고 합니다. 저는 여기 계신 훈장님께 가르침을 받고 있지요. 이제 훈장님의 말씀이 있을 겁니다. 모두 조용히 해 주십시오."

이수윤이라는 아이의 말이 끝나자 곧 훈장님의 말씀이 이어졌다.

"안녕하십니까? 저는 청학동 훈장입니다. 귀하의 소중한 자녀들을 집과 멀리 떨어진 이곳 지리산 청학동에 맡기시려니 걱정이 이만저만이 아니시겠지요? 하지만 걱정하지 마십시오. 저는 아이들에게 예절과 효 사상, 그리고 천자문을 가르칠 것입니다. 이번 여름방학이 아이들에게는 소중한 추억과 경험이 될 것이니 부모님들께서는 걱정 마시고 편안한 마음으로 돌아들 가십시오."

훈장님은 첫인상과 달리 매우 인자해 보였다. 입가에 미소까지 띠고 아이들을 따뜻한 눈빛으로 하나하나 바라봐 주셨다. 그제야 옥림이도 마음이 좀 놓이는 듯했다.

그러나 곧 마을 입구는 울음바다로 변해 버렸다. 아이들을 데리고 온 엄마와 아빠가 떠날 시간이 되었기 때문이었다.

"엄마, 가지 마세요!"

"나 여기 있기 싫어요! 서울로 가고 싶어요."

부모님들은 그런 아이들이 안쓰러워 한동안 자리를 뜨지 못했다. 옥림이 엄마도 쉽사리 옥림이의 손을 놓지 못했다.

"옥림아, 한 달 동안 훈장님 말씀 잘 듣고 열심히 생활해야 돼. 절대 말썽 부리면 안 된다, 알았지?"

엄마는 걱정 가득한 눈으로 옥림이를 내려다보았다.

"가지 마세요, 엄마!"

옥림이의 눈에는 어느새 눈물이 가득 맺혀 있었다.

"한 달 뒤에 데리러 올게. 건강하게 생활하고 있어야 해! 우리 옥림이."

엄마는 결국 옥림이의 손을 놓고 버스에 올라탔다.

"으앙!"

옥림이는 큰 소리로 엉엉 울고 말았다. 지금까지 단 한 번도 엄마의 곁을 떠나 본 적이 없었기 때문이다. 아무리 말썽을 피워도 늘 자신을 감싸 안아 주던 엄마였는데 자신을 이렇게 외딴곳에 놓고 가다니 믿을 수가 없었다. 옥림이는 엄마를 태운 버스가 더 이상 보이지 않을 때까지 울면서 지켜보았다.

이렇게 눈물의 이별식이 끝나자 울상인 아이들만 옹기종기 마을 입구에 남게 되었다. 청학동 여름학교에 참여한 아이들은 모두 열

다섯 명이었다. 아이들은 수윤이의 안내를 받아 청학동의 한 한옥에 각자 짐을 풀었다. 가방을 정리하면서 여기저기서 아이들의 불만이 터져 나왔다.

"여기 화장실 재래식이야!"

"재래식이 뭐야?"

"금방이라도 귀신이 나올 것 같은 화장실이야."

"나는 아파트에서만 살아서 이런 낡은 한옥에서는 못 살아!"

몇몇 아이들의 불만 소리는 점점 커져서 나중에는 시끄러울 정도였다.

"여기 정말 싫어!"

"냄새 나! 하루도 있고 싶지 않아!"

그때였다.

"모두들 마당으로 집합!"

훈장님의 커다란 고함 소리에 방 안은 순식간에 쥐 죽은 듯이 조용해졌다. 그리고 저마다 쭈뼛거리며 신발을 꿰어 신고 마당으로 나갔다. 훈장님은 몹시 화가 나신 듯했다.

"여기는 너희들의 집이 아니니 당연히 불편한 점도 있을 것이다. 그러나 그렇다고 해서 불만을 이야기하는 것은 절대 안 된다. 앞으로 한 번만 더 그런 소리를 하면 회초리로 때리겠다."

훈장님의 엄한 표정에 아이들은 무서워서 고개를 들지 못했다.

"저쪽에 있는 빗자루를 가져다 마당을 쓸고 또 몇몇은 방 청소를 해라. 다하고 나면 그때 저녁을 주겠다."

훈장님의 말씀이 끝나자 아이들은 각자 흩어져 방 청소를 하고 마당을 쓸기 시작했다. 집에서는 한 번도 해 본 적이 없는 일이었다.

"후유, 힘들어. 우리 엄마는 이런 일 절대로 안 시키는데."

대강대강 마당을 쓸던 옥림이에게 한 아이가 다가왔다. 옥림이보다 키가 두 뼘쯤 작은 통통한 남자 아이였다.

"넌 이름이 뭐니?"

옥림이가 그 아이를 바라보며 물어보았다.

"나는 재문이라고 해. 서울에서 왔지. 헤헤, 너는?"

"난 옥림이야. 나도 서울에서 왔어."

'이거 똘마니로 부려 먹기 딱이겠는걸!'

옥림이는 재문이를 보며 흐뭇한 미소를 지었다.

3 낯선 생활들

첫날 저녁부터 옥림이와 아이들은 무시무시한 천자문을 50자나 외워야 했다.

"하늘 천, 따 지, 검을 현, 누……."

"예끼, 이 녀석들! 졸지 말거라!"

재문이는 아까부터 천자문의 네 번째 글자인 '누를 황' 까지밖에 외우지 못하고 꾸벅꾸벅 졸고 있었다. 훈장님께서 몇 번이고 졸지 말라고 했지만 재문이의 눈꺼풀은 무거워 보였다.

'뭐 재미난 일 없을까?'

옥림이는 슬슬 활동을 시작할 때가 됐다고 생각했다. 하루 종일 장난을 안 쳤더니 온몸이 근질근질했다. 사실 계속해서 말썽을 피우면 빨리 집에 갈 수 있을 거란 생각이 들었다.

옥림이는 슬금슬금 뒷문으로 몰래 빠져나왔다.

이미 어두워진 바깥에는 개구리 우는 소리, 시냇물 흐르는 소리, 그리고 아이들의 천자문 외우는 소리만 조용히 울려 퍼질 뿐이었다.

'무슨 장난을 칠까? 옳지!'

옥림이는 조심조심 시냇가로 갔다. 그리고는 신발과 양말을 벗고 시냇물에 발을 담갔다.

"앗, 차가워!"

옥림이는 자기도 모르게 소리를 지르고는 깜짝 놀라 입을 막았다.

'아무도 들은 사람 없겠지?'

옥림이는 가만히 서서 시냇물을 내려다보았다. 무엇인가가 물 위에서 폴랑폴랑 뛰어다니며 헤엄을 치고 있었다. 그건 다름 아닌 개구리였다.

골목대장이었던 옥림이가 개구리 따위를 무서워할 리 없었다.

"에잇! 에잇!"

몇 번의 실패 끝에 옥림이는 개구리를 잡는 데 성공했다. 초록빛과 붉은빛이 도는 작은 개구리였다.

옥림이는 손에 개구리를 담아 가지고는 다시 아이들이 공부하고 있는 방으로 갔다. 그리고 뒷문을 슬그머니 열고는 졸고 있는 재문이를 툭툭 쳐서 깨웠다.

재문이는 졸린 눈을 비비며 바깥으로 나왔다.

"무슨 일이야? 헤헤, 열심히 공부하고 있었는데."

"재문이 너한테 줄 선물이 있어서!"

"그게 정말이야? 뭔데?"

"너 배고플까 봐 맛있는 걸 준비해 왔어, 자!"

옥림이는 이렇게 말하며 개구리가 들어 있는 자신의 주먹을 재문이의 얼굴 앞에 내밀었다.

"우와, 뭔데? 맛있는 냄새가 나, 헤헤."

재문이는 신나는 표정을 지었다.

옥림이가 자신의 주먹을 조심스레 펴는 바로 그 순간이었다.

"아아아아아아아악!"

재문이는 마구 비명을 질렀고 그 소리에 놀란 훈장님이 뛰어나왔다.

"이옥림! 요 녀석! 도무지 용서할 수가 없구나!"

훈장님의 울그락 불그락한 얼굴을 보면서 옥림이는 오히려 기쁨의 미소를 지었다.

'이제 집으로 돌려보내 주시겠지?'

옥림이 머릿속에는 오로지 집, 집, 집 생각뿐이었다.

"옥림이 너에게 벌을 내리겠다! 내일 아침에는 혼자서 마당을 쓸 거라."

'뭐야! 벌이 겨우 그거란 말이야?'

옥림이는 너무 실망스러워서 시무룩해졌다.

심장이 약한 재문이는 하루 종일 무서움에 덜덜 떨며 이불 속에 누워 있어야 했다. 옥림이는 그 소식을 전해 듣고는 낄낄거리며 웃었다.

'개구리를 무서워하다니. 완전 겁쟁이구나! 큭큭.'

그리고 다음 날 아침, 옥림이는 배가 고파서 눈을 떴다. 간식이라고는 찾아볼 수 없는 곳이었기 때문에 옥림이는 어제 저녁 이후로 아무것도 먹질 못했다.

'어서 아침을 먹어야지.'

앗, 그런데 옥림이의 머릿속을 불현듯 스치고 지나가는 말이 있었다.

"옥림이 너에게 벌을 내리겠다! 내일 아침에는 혼자서 마당을 쓸 거라. 마당을 쓸지 않으면 아침밥을 주지 않겠다!"

마당을 쓸지 않으면 아침밥을 주지 않겠다!
마당을 쓸지 않으면 아침밥을 주지 않겠다!!
마당을 쓸지 않으면 아침밥을 주지 않겠다!!!

옥림이는 금방이라도 울음이 터질 것 같았다. 혼자 쓸기에 마당은 너무 컸기 때문이다. 족히 한 시간은 넘게 걸릴 듯했다. 옥림이는 꼬르륵 소리가 나는 배를 감싸 쥐고 얼른 방문 밖으로 나왔다.

아니, 그런데 이게 어떻게 된 일일까? 마당은 이미 깨끗이 청소되어 있는 것이 아닌가?

'이게 어떻게 된 일이지? 나한테 벌을 내리신 걸 깜박 잊고 훈장님께서 마당을 쓸었나?'

그때 마당 한편에서 재문이가 걸어 나왔다. 옥림이는 마당을 쓴 사람이 분명 재문이일 것이라고 생각했다.

옥림이는 눈물이 찔끔 나려고 했다. 그런 장난을 쳤는데도 자신을 위해 대신 청소를 해 주다니.

"야, 정재문! 누가 이러래? 흥, 웃기셔. 네가 이런다고 내가 고마워할 줄 알았냐?"

진심과는 다르게 옥림이의 입에서는 평소와 같이 거친 말이 튀어나왔다. 재문이는 영문을 모르겠다는 표정으로 눈을 끔벅거리더니

"옥림아, 밥 먹으러 가자. 헤헤."

라고 말하는 것이었다.

4 이상한 벌

평화로운 날들이 계속되었다.

아침에 일어나 마당을 쓸고 아침밥을 먹고 훈장님의 수업을 듣고, 그리고 나서 점심을 먹고 또다시 훈장님의 수업을 듣고, 또 저녁을 먹고 훈장님의 수업을 듣고, 마지막으로 그날 공부한 것을 검사 받은 뒤 잠자리에 드는 것이었다.

"재문이, 현이, 영효, 선화 나오너라. 너희들은 오늘 공부를 제대로 하지 않았구나! 회초리 세 대씩이다."

아이들은 그날그날 공부한 것을 검사 맡아 제대로 외우질 못하면 훈장님께 회초리를 맞았다. 회초리를 맞은 아이들은 종아리를 부여잡고 울었으나 재문이는 평소처럼 헤헤거리기만 했다.

'으이그! 정재문, 저 바보!'

옥림이는 이제 그런 재문이가 안쓰러워 보이기까지 했다. 옥림이는 말썽꾸러기이긴 하지만 머리가 좋아 한 번 들은 것은 잘 잊지 않았다. 그래서 회초리를 맞는 경우도 거의 없었다.

겉으로 보기에 옥림이는 마치 모든 것을 포기한 것처럼 보였다. 장난을 치는 일도, 집으로 돌아가야겠다는 것도 모두 포기한 채 청학동 생활에 나름대로 만족한 것처럼 보였다.

그러나 그녀는 천하의 장난꾸러기 이옥림이었다. 옥림이의 머릿속에는 또다시 장난을 칠 계획이 꿈틀거리고 있었다.

청학동에 도착한 지 일주일째 되는 날 아침, 옥림이는 훈장님을 찾아갔다.

"훈장님, 저 배가 너무 아파요. 여기 오고 나서 화장실에서……
큰일을 한 번도 못 봤어요."

옥림이는 배를 움켜쥐고 얼굴을 찡그린 채 말했다.

"아이고, 옥림이가 일주일째 말을 잘 듣는다 했더니 낯선 곳이라

편하게 일을 못 봤구나. 허허."

훈장님은 옥림이에게 약을 찾아 주었다.

"약은 좀 이따가 먹으렴, 저녁 먹고."

"네."

옥림이는 약을 받아 들고 착한 어린이처럼 꾸벅 인사를 하고는 훈장님의 방을 나왔다. 나오는 옥림이의 입가에 미소가 번졌다.

저녁 식사 시간, 훈장님과 수윤이, 그리고 아이들은 즐겁게 식사를 하고 있었다. 재문이도 신이 나서 숟가락을 들고 국을 떠먹으려고 했다. 그런데,

"야, 정재문! 잠깐만!"

옥림이가 다급히 재문이의 손을 움켜잡는 것이었다.

"왜? 헤헤, 나 배고프단 말이야."

옥림이는 재문이의 귀에 대고 속삭였다.

"너, 이 국 뭘로 만든 건지 알아? 개구리야. 개구리! 이 국은 개구리 국이야."

그러자 재문이의 얼굴이 새파래졌다.

"그게 진짜야? 웩, 나 먹을 뻔했어. 정말 고마워, 옥림아."

재문이는 진심으로 옥림이에게 고마워했다. 그리고는 국은 떠먹

지도 않고 다른 반찬들로만 밥을 먹었다. 옥림이도 국은 떠먹지
않았다.

"나도 개구리 국은 별로 안 좋아하거든."

옥림이는 이렇게 말하며 재문이를 향해 찡긋 웃어 주었다.

다음 날 아침, 청학동에는 한바탕 커다란 소동이 벌어졌다. 그 소

동은 화장실 앞에서 일어났다.

"야! 빨리 나와! 나도 급하단 말이야."

"아이고, 배야. 나 죽네!"

"윽! 나 지금 나온다, 나와."

아이들과 수윤이, 심지어는 훈장님까지 모든 사람들이 배가 아
프다며 화장실을 들락날락 거렸다. 딱 두 사람, 옥림이와 재문이
만 빼고.

사건의 전모는 어렵지 않게 밝혀졌다.

부엌에 있는 국 냄비 옆에서 훈장님이 옥림이에게 주었던 설사
약 봉지가 발견된 것이었다. 봉지는 속이 빈 채로 말
이다.

"네 이놈, 이옥림! 이번에는 절대 용서
못한다!"

훈장님의 천둥 번개와도 같은

줄이 길구나...

양~

불호령이 떨어졌다.

옥림이는 한 시간 동안 무릎을 꿇고 용서를 빌어야 했다.

'이번엔 정말로 집에 보내 주시겠지!'

용서를 빌면서도 옥림이는 집 생각뿐이었다.

"반성은 많이 했느냐?"

옥림이의 두 다리에 감각이 없어질 무렵, 누군가가 옥림이에게 말을 걸어왔다. 분명히 말투는 훈장님이었는데 고개를 들어 보니 수윤이였다.

"내 말이 안 들리느냐? 반성은 많이 했냐고 물었다."

옥림이는 기가 막혔다. 기껏해야 자기 또래로 보이는 아이가 자신을 내려다보며 거만하게 행동하기 때문이다.

"흥! 네가 무슨 상관이야? 계집애처럼 머리도 땋아 내린 주제에!"

"방금 뭐라고 했느냐? 에잇!"

수윤이는 옥림이의 이마에 꿀밤을 때렸다.

"아얏!"

옥림이의 눈에 눈물이 핑 돌았다. 이렇게 오랫동안 무릎을 꿇고 있는 것도 힘든데 갑자기 나타난 댕기동자에게 꿀밤까지 맞다니! 옥림이는 일어나 수윤이에게 똑같이 갚아 주고 싶었지만 도무지

다리가 말을 듣지 않았다. 낑낑거리며 일어나려는 옥림이를 보며 수윤이는 '메롱! 약 오르지!'라고 놀렸다.

그때 훈장님이 나타나셨다.

"수윤아, 무슨 일이냐?"

그러자 수윤이는 갑자기 두 손을 가지런히 모으고 고개를 숙인 채 진지한 표정으로 대답하는 것이었다.

"네, 이 아이가 자신의 잘못을 깨닫지 못하고 있는 듯하여 가벼운 지도, 편달을 하고 있었습니다."

"허허, 그랬구나. 그럼 이만 물러가 다른 아이들의 건강 상태는 어떤지 살펴보거라."

"네."

수윤이가 방을 나가자 옥림이는 도무지 억울해서 못 견디겠다는 표정을 지었다. 하지만 별 도리가 없었다. 옥림이는 훈장님께서 당장 집으로 돌아가라는 벌을 내리기만 하면 얼른 짐을 싸서 서울로 올라가려고 했다.

"이옥림! 어떤 벌이든지 달게 받을 자신은 있겠지?"

옥림이는 고개를 끄덕였다.

'제발 집에 보내 주세요!'

훈장님은 조용히 입을 열었다.

"내가 내릴 벌은 청소를 한다거나 회초리를 맞는 것이 아니다. 너는 내일까지 한 사상가에 대해서 공부를 해 와야 하느니라."

"네?"

"바로 순자라는 사상가다. 왜 순자에 대해 공부를 해야 하는지는 네 스스로 깨닫게 될 것이다. 반드시 내일까지 공부를 해 와야 하느니라."

옥림이는 영문을 몰라 눈을 깜박거릴 뿐이었다. 아니, 이게 무슨 벌이란 말인가? 옥림이는 차라리 회초리 몇 대를 맞았으면 했다. 공부라면 질색인데, 벌로 공부를 하라니…….

"알겠느냐?"

"……네."

옥림이는 시무룩하게 고개를 끄덕였다. 옥림이는 이 숙제를 어떻게 해야 할지 정말 막막했다. 청학동에는 컴퓨터가 없었기 때문이다. 서울에서는 숙제를 할 때 컴퓨터를 사용하여 쉽게 해결했었는데. 옥림이는 인터넷의 도움도 받지 않고 어떻게 순자라는 사상가에 대해 알아낼 수 있을까?

5 순자는 누굴까?

다음 날 아침까지도 옥림이는 순자에 대해 알아낼 방법이 없었다. 가득 쌓여 있는 책을 아무리 들춰 봐도 무슨 글자인지 모르는 한자만 가득했다.

'그냥 가방을 꾸려서 서울로 몰래 도망을 칠까? 아니야, 나는 서울 가는 길도 잘 모르는걸. 그리고 집에 가 봤자 아빠는 다시 나를 여기로 보내실 거야.'

옥림이는 전전긍긍하며 고민했다. 우선은 순자에 대해 알아내는 것이 중요했다. 순자는 옥림이가 처음 들어 본 사상가였다.

"옥림아, 무슨 일이야? 내가 뭐든 도와줄게. 헤헤."

재문이었다.

"네가? 네가 순자에 대해서 알아?"

"순자? 순자라면……."

옥림이의 눈빛이 반짝 빛났다. 재문이가 아무리 어수룩해 보여도 실은 천재일지도 모르기 때문이다. 옥림이의 표정이 밝아졌다.

"응, 순자 말이야! 재문아! 얼른 나한테 순자가 누군지 좀 알려줘."

재문이는 뒤통수를 긁적였다. 그러고는 말했다.

"순자라면…… 순대라면 몰라도 순자는 모르겠다. 헤헤, 순대 먹고 싶다."

헉, 그럼 그렇지. 옥림이는 재문이를 실컷 째려봐 주었다.

"헤헤. 나는 몰라도 댕기동자는 알 거야. 진짜 똑똑하대."

"댕기동자? 싸가지 이수윤을 말하는 거야?"

"싸가지인지는 모르겠지만, 아무튼 똑똑하다니깐 걔는 순자에 대해 잘 알 거야. 가서 물어봐. 헤헤."

옥림이는 비극도 이런 끔찍한 비극이 없다고 생각했다. 하필 싸

가지 댕기동자 이수윤이라니! 어제는 다리가 아파서 이수윤의 꿀밤을 때리지 못했지만 다시 만나면 꼭 앙갚음해 주리라 다짐하고 있었는데!

그러나 시간이 없다. 벌써 해가 중천에 떠 버린걸.

옥림이는 입술을 앙다물었다. 그리고 수윤이의 방 앞으로 갔다.

'들어갈까 말까, 부를까 말까?'

옥림이의 마음은 수천 번도 더 왔다 갔다 했다.

그때였다.

"너, 내 방 앞에서 무엇을 하느냐?"

깜짝 놀라 뒤를 돌아보니 수윤이였다. 옥림이의 얼굴이 빨개졌다.

"나, 난 그냥……."

"너 훈장님한테 벌 받은 것 때문에 온 것이지? 물론 내가 잘 알고 있긴 하다만, 그냥 알려 줄 수는 없느니라."

수윤이는 기고만장한 표정으로 옥림이를 내려다보았다. 옥림이는 약이 올랐다.

"누가 그렇대? 어제의 앙갚음을 해 주려고 온 것뿐이야!"

옥림이는 주먹을 힘껏 쥐고 수윤이의 머리를 향해 꿀밤을 날렸다. 그러나 옥림이의 주먹이 수윤이의 머리에 닿기도 전에 수윤이의 힘센 손아귀에 옥림이의 손목이 잡혔다.

"이거 봐! 난 꼭 꿀밤을 때리고 말 거야!"

"때릴 때 때리더라도 벌은 달게 받아야 하지 않겠느냐? 따라 들어오거라."

수윤이는 성큼성큼 제 방으로 올라갔다. '순자'라는 말에 혹해서 옥림이도 순순히 수윤이의 뒤를 따랐다. 물론 여전히 분이 풀리지 않았는지 씩씩거리긴 했지만.

옥림이와 앉은뱅이책상을 가운데 두고 마주 앉은 수윤이는 몇 권의 책을 꺼내 들었다.

"이게 순자에 관한 책이니라."

옥림이도 수윤이가 건네준 책을 받아 들고 들춰 보았지만 죄다 한자로 되어 있거나 어려운 말들뿐이었다.

"하나도 모르겠단 말이야! 순자가 대체 누구야!"

옥림이는 화가 나서 소리를 버럭 질렀다. 수윤이는 미소를 지었다.

"알았다. 차근차근 알려 주마. 너 중국의 춘추전국시대에 대해서는 아느냐?"

옥림이는 고개를 가로저었다.

"중국의 역사를 보면 춘추전국시대가 있었다. 춘추전국시대의 중국은 수많은 나라로 나뉘어져 있었다. 그래서 전쟁이 끊이지 않았지. 각 나라는 버려진 토지를 쓸모 있는 땅으로 가꾸어 경제를 발전시키고, 강한 군대를 길러 이웃 나라와 전쟁을 하였단다. 전쟁에서 다른 나라를 이기려면 무엇보다도 인구를 늘리고 토지를 넓혀 경제를 발전시켜야 했지. 그래서 인구와 토지를 많이 늘리는 것이 각 나라의 큰 목표였단다. 나라에서는 그 목표를 달성할 수 있는 방법을 알려 줄 똑똑한 인재들이 많이 필요했어. 그래서 사상가들이 많이 생겨나게 된 거란다. 알겠느냐?"

"그렇구나. 그 사상가 중의 한 명이 순자라, 이 말이지?"

"그래, 네 말이 맞다. 순자는 전국시대 말에 활동한 사상가로 공자, 맹자와 함께 유가의 대표적 인물이라고 볼 수 있지. 공자와 맹자에 대해서는 알고 있느냐?"

옥림이는 입을 삐죽거렸다.

"이래 봬도 나는 초등학교 5학년이라고! 누굴 바보로 아나? 흥! 그런데 너는 몇 학년이야?"

"나는 학교를 안 다니고 서당을 다닌다. 그래서 몇 학년인지 모른다. 나이는 열두 살이고."

"열두 살이면 나랑 동갑이네?"

옥림이는 자기와 동갑인 아이에게 가르침을 받고 있다는 사실에 슬쩍 자존심이 상했다. 그러나 지금은 그걸 따질 때가 아니었다. 지금은 한시가 급한 상황이었기 때문이다.

"춘추전국시대를 통일한 사람은 바로 진나라의 황제인 진시황제였다. 순자가 활동을 한 전국시대 말기는 진시황제가 천하를 통일하기 바로 직전이었지. 그렇다면 순자라는 사상가는 어떤 고민을 했겠느냐?"

옥림이는 고개를 갸우뚱거리며 대답했다.

"음…… 통일을 하면 아무래도 이런저런 문제가 생기지 않겠어? 학교에서 배웠는데 남한과 북한이 통일을 해도 무조건 좋은 일만 생기는 건 아니래. 너무 오래 나뉘어 살아왔기 때문에 통일이 되어도 서로 맞지 않는 부분들이 있어서 힘들 거라고."

옥림이는 자기가 말을 하고도 깜짝 놀랐다. 어깨가 으쓱했다. 수윤이도 '제법인데?' 하는 표정으로 말을 이었다.

"맞아. 순자의 고민은 통일 후에 생길 수 있는 문제와 그 대안을 제시하는 데 있었다. 순자는 나눌 수 있는 것은 우선 나누고, 그것을 어떻게 조화롭게 통일시킬 수 있는가를 고민했던 거지. 그렇지만 유가에서 순자는 정당한 대우를 받지 못했으며 매우 부정적인 이미지의 사상가로 불리었어. 이렇게 된 가장 큰 이유는 순자의 성악설 때문이었어."

"성악설? 그게 뭐야?"

수윤이는 비로소 중요한 내용이 등장했다는 듯이 헛기침을 한번 하고는 대답하였다.

"흠, 그래. 성악설을 이야기하기 전에 우선 맹자의 성선설에 대해 이야기해야 할 것 같구나. 성선설은 인간이 태어날 때부터 착한 본성을 가지고 태어난다는 주장이란다. 아무리 나쁜 성격을 가진 사람이라도 어린아이가 우물에 빠지려는 것을 보면 얼른 달려가서 구해 주지 않겠느냐? 그것이 바로 인간은 본래 착하다는 성선설의 증거가 되는 거다. 그렇다면 성악설은 무엇이겠느냐?"

"어쩐지 성선설과 반대일 것 같은데. 그렇다면 인간은 태어날 때부터 악하고 나쁜 본성을 가지고 태어난다는 주장이야?"

"그래. 쉽게 말하자면 그렇다. 순자의 성악설과 반대되는 맹자의 성선설이 훗날 더 인기를 끌었기 때문에 순자는 부정적인 이미지의 사상가가 되어 버린 거란다. 또 다른 이유를 들자면, 순자의 제자인 한비자와 이사라는 사람이 법가 사상을 대표하는 인물이었기 때문이기도 하다. 그것에 대해서는 훈장님께서 다음에 더 자세히 이야기해 주실 것이다."

옥림이는 성악설에 대해 곰곰이 생각해 보았다.

'인간이 태어날 때부터 악하고 나쁜 본성을 가지고 태어난다는 주장이라고? 그렇다면 훈장님께서는 혹시……?'

"그렇다면 훈장님은 내가 태어날 때부터 악하고 나쁜 본성을 가지고 있었다고 생각하시는 걸까? 그래서 순자에 대해 공부해 보라는 벌을 내리신 거야?"

옥림이는 얼굴을 찌푸리
며 수윤이에게 물었다. 옥림
이는 자신이 비록 장난을 좋
아하는 말썽꾸러기이지만 사
람들이 자신에게 태어날 때부
터 악하고 나쁜 본성을 가졌다
고 하는 것은 너무 억울했다.

　엄마, 아빠가 말씀하시길 옥림이
는 다섯 살 때까지는 너무 순해서
잘 울지도 않았다고 했다. 그래서
천사라는 별명으로 불렸다고 얘기해
주었다.

　"그런 것이 아니다. 성악설에 대해
더 자세히 이야기해 주어야겠구나.
순자는 물론 인간의 본성이 태어날
때부터 악하다고 말하였다. 하지만 그
것은 노력에 의해서 충분히 고쳐질 수
있다고 보았다. 즉 순자의 성악설은

인간의 본성이 모두 악하다는 주장이 아니라 인간의 자연적인 욕망을 그대로 인정해야 된다는 주장일 뿐이다."

"그러니까 자연적인 욕망을 그대로 인정하고 살라는 거야, 바꾸라는 거야?"

옥림이는 일부러 심술맞게 물었다.

"순자에 의하면, 당시 사람들이 두려워했던 천둥, 번개 등의 자연현상은 인간과는 무관한 자연법칙일 뿐이다. 따라서 인간은 그러한 자연법칙을 이해하고 그것을 통해서 자연현상을 극복해야 된다고 하였다."

수윤이는 옥림이의 질문에 당황하지 않고 침착히 설명해 줬다.

"옥림이 너, 비를 내리게 하는 기우제가 무엇인지는 알지? 순자는 기우제를 지낸다고 오지 않을 비가 내리는 경우는 없다고 하였어. 비가 내릴 때가 되었기 때문에 내리는 것이라고 했지. 오히려 평소에 저수지를 만들어 가뭄을 대비한다면 그것이 기우제를 지내는 것보다 더욱 현명한 방법일 거야. 순자는 이렇게 인간과 자연을 명확히 구분하고 인간 중심의 입장에서 둘을 통일하고자 하였지."

수윤이가 잠시 말을 끊자 옥림이가 수윤이의 입을 막으며 큰 소리로 말했다.

"잠깐만! 그러니까 한 문장으로 요약하자면 순자는 결국 인간과 자연을 확실하게 구분하였다, 이 말이지? 그 한마디를 뭘 그렇게 길게 하냐, 쳇."

"그래. 뭐 요약하자면 그렇지. 에헴! 아무튼 순자는 인간의 자연성과 인위성을 구분하였어. 즉 인간을 자연적으로 태어날 때부터 악하다고 본 것이 아까 말했던 성악설이야. 그리고 살아가면서 교육 등의 영향으로……."

"아, 그러니까 훈장님께서는 결국 교육이라는 인위적인 노력을 통해서 착해질 수 있으니까, 순자에 대해 공부해 오라고 하신 거구나!"

"너 보기보다 똑똑하구나! 맞다. 훈장님은 그런 뜻에서 너에게 이러한 벌을 내리신 거다. 순자에 대해서 더 자세히 알고 싶으냐?"

"응!"

옥림이는 이제야 수윤이에게 고분고분해졌다. 수윤이는 책상 서랍 속에서 공책 한 권을 꺼냈다.

"순자의 생애에 대해 내가 알기 쉽게 정리한 것이다. 너 때문에 특별히 정리한 것은 절대 아니다. 그저 내 스스로 공부하기 위해……."

"누가 뭐래?"

톡 쏘는 옥림이의 말에 수윤이는 괜히 나오지도 않는 헛기침을 하며 옥림이에게 공책을 건넸다. 옥림이는 수윤이가 건네준 공책을 얼른 받았다. 한 장을 넘겨 보니 순자에 대한 설명이 예쁘고 단정한 글씨체로 조곤조곤 설명되어 있었다.

공책의 내용을 훑어본 옥림이는 수윤이에게 손을 내밀었다. 화해의 악수였다. 불 같은 성격을 가진 옥림이였지만 골목대장 출신답게 인정할 것은 인정하고 받아들일 것은 받아들였다. 즉 뒤끝 없고 확실한 성격이었다.

"이번에 도움을 준 일은 잊지 않을게. 고마워!"

수윤이도 옥림이의 손을 잡았다.

"나도 그냥 도와준 것은 아니다. 또 다시 이 조용한 청학동을 시끄럽게 만들지 말아 달라는 뜻에서 도와준 것뿐이니 앞으로 조심하여라. 알겠느냐?"

옥림이는 끝까지 어른인 척하는 수윤이가 못마땅했지만 어찌 됐건 둘은 화해를 했고 옥림이는 무사히 훈장님이 벌로 내준 숙제를 해결할 수 있었다.

"옥림아, 나와서 순자에 대해 공부한 것을 발표해 보거라."

다음 날 훈장님은 옥림이를 앞으로 불러내 발표 수업을 시키셨다. 옥림이는 당당하게 순자에 대해 발표를 하였고 훈장님과 아이들의 박수를 받을 수 있었다.

이렇게 해서 옥림이에게 붙은 말썽꾸러기라는 꼬리표는 떨어진 듯 보였다. 그러나 옥림이한테 어떤 꿍꿍이가 숨겨져 있을지는 아무도 모를 일이었다.

순자의 일생

순자는 전국시대 조나라 출신으로 이름은 황입니다. 순과 손의 음이 서로 비슷하기 때문에 손경이라 부르기도 했답니다.

순자는 어려서부터 총명하고 이상이 높았으며, 15세에는 조나라를 떠나서 제나라 직하에 유학하였습니다. 당시 제나라는 강대국으로서 '전국칠웅' 가운데에서도 선두권에 속하였습니다. 제나라 선왕은 자신의 정치적 영향력을 확대하기 위하여 수도를 지금의 산동성 지역에 위치한 임치의 직문으로 옮겨 학관을 설치하고, 천하의 명사와 학자들을 초빙하여 그들이 자유롭게 학문을 논의하고 정치에 대해 비평할 수 있도록 하였습니다.

중년에 접어든 순자는 제나라에 위기가 다가옴을 예감하고 재상에게 건의문을 올렸으나 받아들여지지 않자 제나라를 떠나 초나라로 갔습니다. 몇 년 후 제나라는 다섯 강대국들의 연합 공격을 받고 결국 연나라 장수 악의에게 패하였습니다. 일찍이 막강한 제왕으로 군

림하던 민왕이 피살되고 이로 인해 직하의 학사들 또한 다른 나라로 흩어져 버리고 말았습니다.

　얼마 후 제나라가 다시 잃었던 땅을 되찾고 양왕이 임치에 직하 학궁을 다시 설치하자, 순자는 제나라로 돌아왔습니다. 이미 선배 학자들이 세상을 떠났고, 순자는 당시 학술적인 면에서 상당한 지위와 영향력을 지녔기 때문에 학궁에서 가장 존경받는 선생인 '좨주'라는 지위를 세 번이나 역임하게 되었습니다.

　제나라로 돌아온 후, 순자는 양왕의 후비가 농단을 부리자 '여자 군주가 궁궐을 어지럽힌다'고 비판하였습니다. 하지만 이로 인해 대신들의 질시와 모함을 받게 되자 자의 반 타의 반으로 초나라로 가게 되었습니다. 당시 초나라에는 춘신군이 재상으로 있었는데, 그는 순자를 난릉의 수령으로 임명하였습니다. 얼마 후 어떤 이가 모함하여 춘신군에게 의심을 받게 되자 순자는 흔쾌히 사퇴하고 조국인 조나라로 돌아왔습니다.

　조나라에 돌아와서는 평원군을 보좌하는 상경이 되었습니다. 얼마 후 평원군이 세상을 떠나고, 초나라의 춘신군이 지난 일을 후회하며 거듭해서 초빙하자, 순자는 초나라로 가서 다시 난릉 수령의 지위에 올랐습니다. 그러나 몇 년 뒤 춘신군이 피살되면서 순자도 난릉의 수령에서 파면되었습니다. 당시 91세였던 순자는 저술을 통해 자신의

학설을 정리하는 데 힘을 기울이다, 3년 뒤 세상을 떠났습니다. 이처럼 순자의 일생도 공자나 맹자와 마찬가지로 순탄하지 않았습니다.

청출어람(푸른 색은 쪽에서 나온다)

'청출어람'은《순자》의 첫 편인 권학 편에 나오는 말입니다. 순자는 "학문은 그쳐서는 안 된다. 푸른색은 쪽에서 취했지만 쪽빛보다 더 푸르고, 얼음은 물로 만들어지지만 물보다 더 차갑다"고 하였습니다. 다시 말해 푸른색이 쪽빛보다 푸르고, 얼음이 물보다 차듯이, 학생이 열심히 공부하면 스승을 넘어설 수 있다는 뜻입니다. 여기서 제자가 스승보다 뛰어나다는 뜻인 '청출어람'이 나왔으며, 줄여서 '출람'이라고도 합니다.

공자 – 맹자 – 순자의 유가

중국 고대 철학자의 대표는 공자입니다. 당시 제자백가 가운데 맹자와 순자는 모두 공자에게 직접 배우지는 못했지만 간접적으로 공부하면서 자신의 스승으로 모셨습니다. 따라서 후세에 공자는 유가의 시조로 높여지고, 사람들은 이 학파를 맹자와 순자를 포함하여 유가라고 칭하게 되었습니다.

유가의 가장 큰 특징은 인간의 생명과 현실을 긍정하고 예악이라는 문화적 가치를 강조하는 것입니다. 반면에 노자와 장자를 대표로 하는 도가나, 묵자를 대표로 하는 묵가, 한비자를 대표로 하는 법가는 모두 유가의 예악을 반대하면서 이를 비판하였습니다. 그 이유는 조금씩 차이가 있습니다. 도가에서 볼 때 예악은 사람의 자연스러움을 억제하는 것이었고, 묵가에서 봤을 때 예악은 귀족들이 노동자들의 노동 성과를 빼앗는 것이며, 법가에서 볼 때 예악은 빠르게 변하는 현실을 반영하기 어렵기 때문이었습니다.

　당시의 백가쟁명이라고 하는 것은 바로 이들이 서로 상대편을 비판하고 자신의 주장을 폈던 데서 유래한 말입니다. 예를 들면, 도가에서는 지나치게 충효를 강조하면 할수록 오히려 역적과 불효자가 많이 나온다고 보았습니다. 또한 유가에서 부모님이 돌아가시면 삼년상을 해야 한다고 하였지만, 묵가에서는 삼 년 동안 일을 안 하면 일반 노동자는 살 수 없다고 비판하였습니다. 유가에서는 태평성대의 상징으로써 요임금과 순임금을 함께 높이고 있지만, 법가에서는 모순이라고 주장하였습니다. 왜냐하면 요임금이 훌륭한 임금이었다면 그 뒤를 이은 순임금은 특별히 할 일이 없었을 것이고, 만일 순임금이 훌륭한 임금이었다면 그 이전의 요임금은 훌륭할 수 없다는 것입니다. 한비자는 이것을 창과 방패의 관계와 같다고 하여 모순이라고 하였습니다.

　전국시대 말기에 활동하면서 유가의 계승자임을 자처한 순자는 이러한 주장에 대해 비판하지 않을 수 없었습니다. 먼저 도가에 대해서는 '자연에 가려 사람을 몰랐다'고 하였고, 묵가에 대해서는 '실용에 가려 문화를 몰랐다'고 하였으며, 법가에 대해서는 '사후처리만 알고 미리 예방하는 것을 몰랐다'고 비판하였습니다.

기우제는 어떻게 시작되었을까?

　가뭄이나 홍수, 태풍이나 해일 등의 자연재해는 오늘날 현대 과학으로 극복하는 데 한계가 있습니다. 천둥이나 번개를 만나면 우리는 자기도 모르게 놀라는 경우가 많습니다. 그렇다면 고대 원시인들은 이러한 자연현상을 어떻게 생각했을까요? 그것은 마치 어린애가 부모님을 바라보는 것과 같다고 할 수 있습니다. 자연재해가 있으면 하늘(신)이 자신을 미워한다고 여기며 두려워했고, 때에 알맞게 비가 와서 농사를 짓게 되면 자신을 사랑한다고 여겼던 것입니다. 만일 농사를 지어야 하는데 비가 오지 않으면 어떻게 하였을까요? 당연히 신의 노여움을 풀기 위해서 제사를 드리는 것입니다. 예절이라고 할 때의 예는 본래 신이나 천지자연에게 올리는 제사를 뜻하는 것이었습니다. 따라서 예를 지킨다는 것은 신의 사랑을 받기 위한 것이었고 예를 어기게 되면 신의 노여움을 받게 된다고 생각하였습니다. 그렇기 때문에 예가 잘 지켜질 수 있었습니다.

하지만 기우제를 지냈는데도 비가 오지 않는 경우가 있었겠지요? 사람들은 비가 내리는 자연현상과 기우제는 별 상관이 없다고 생각하게 되었고, 신에 대한 두려움이 점점 사라지게 되어, 결과적으로 예가 잘 지켜지지 않게 되었습니다. 예가 지켜지지 않는다면 사회는 혼란스럽게 될 것입니다. 그래서 이러한 문제를 고민하는 철학자들이 출현하게 되었습니다.

목숨만 살려 주세요

 학문은 잠시도 쉬어서는 안 된다. 푸른 색깔은 쪽에서 나오지만 쪽보다
더 푸르고, 얼음은 물로 만들어지지만 물보다 더 차다.

― 순자

1 청학동의 꼬마 진시황제

"이제 다시는 장난을 치면 안 된다! 또 다시 장난을 치면 그땐 정말 용서치 않을 것이야!"

청학동의 일명 '화장실 사건'이 지나간 지 며칠이 지났지만 훈장님은 마음이 놓이지 않으시는지 수업이 시작될 때마다 옥림이에게 당부, 또 당부를 하셨다. 그럴 때마다 옥림이는 당당하고 믿음직한 목소리로,

"네!"

하고 대답했다.

"그럼 오늘은 춘추전국시대를 통일한 진시황제에 대해 이야기해 볼까요?"

훈장님의 말씀이 끝나자 옥림이가 번쩍 손을 들었다.

"저요! 저요! 저 춘추전국시대에 대해 잘 알아요!"

훈장님은 흐뭇한 표정으로 허허 웃으셨다.

"그래, 그럼 옥림이가 한번 말해 볼까?"

옥림이는 벌떡 일어나서 낭랑한 목소리로 대답하기 시작했다.

"중국의 역사를 보면 춘추전국시대가 있었는데요. 그 시대에는 중국이 하나의 나라가 아닌 수많은 나라로 나뉘어져 있었어요. 그래서 그 많은 나라들끼리 끊임없이 전쟁을 하던 시대였지요. 모든 나라들이 버려진 토지를 쓸모 있는 땅으로 가꾸어 경제를 발전시키고, 강한 군대를 길러 이웃 나라와 전쟁을 하였어요. 그리고 전쟁에서 다른 나라를 이기려면 무엇보다도 인구를 늘리고 토지를 넓혀 경제를 발전시켜야 했기 때문에 그런 방법을 알려 줄 똑똑한 사상가들이 많이 등장했어요. 그런 춘추전국시대를 진나라의 시황제가 하나로 통일한 거예요."

옥림이의 말이 끝나자 아이들이 웅성거리기 시작했다.

"뭐야, 쟤?"

"만날 사고만 치더니 요즘엔 제법이란 말이야!"

옥림이는 어깨를 으쓱하며 자리에 앉았다. 훈장님의 말씀이 이어졌다.

"그래, 옥림이 말이 맞구나. 지난 수업 시간에 이야기했듯이 순자는 부정적인 이미지의 사상가로 많이 알려져 있단다. 그 이유는 우선 성악설 때문이다. 하지만 또 다른 이유를 들자면 바로 순자의 제자인 한비자와 이사라는 사람이 법가 사상을 대표하는 인물이었기 때문이란다."

아이들은 호기심이 가득한 눈으로 훈장님의 설명을 들었다.

"법가 사상은 강력한 제도와 법을 만들어 그것에 의해 나라를 통치하는 것을 말한단다. 법가 사상을 채택한 진시황제는 말 그대로 강력하게, 때로는 잔인하다고 느낄 정도로 엄격한 법에 의해 나라를 통치하였다. 심지어는 법가 사상에 대항하는 유가 사상을 탄압하였지. 그는 유가 사상가들을 억압하기 위해 분서갱유를 일으켰단다. 분서갱유란 유학에 관련된 책을 모조리 불태우고 유학을 공부하는 학자들을 산 채로 매장한 사건을 말하지. 이러한 분서갱유를 주도한 사람이 바로 순자의 제자인 이사란다. 그러니 유가에서 보면 법가는 미운 대상일 수밖에 없었지. 그래서 법가 사상의 이론가로 유명한 한비자와 분서갱유를 주도한 이사에게 이론적인 뿌리를 제공한 순자를 미워하고 그의 이미지를 부정적으로 만든 것이란다. 알겠니?"

아이들은 고개를 끄덕였다. 순자가 왜 좋지 않은 이미지의 사상가였는지 알게 된 아이들의 표정엔 안타까움이 묻어났다. 그러나 단 한 사람, 옥림이의 표정은 오히려 환해지며 눈이 반짝 빛났다. 옥림이는 손을 번쩍 들었다.

"훈장님! 분서갱유 사건에 대해서 좀 더 자세히 알려 주세요!"

훈장님은 껄껄 웃으시며 옥림이의 머리를 쓰다듬으셨다.

"옥림이가 이제야 공부에 흥미를 갖는구나. 아주 뿌듯하다. 원래 정치라는 것이 한 목소리를 내서는 안 된다는 것은 모두 알고 있겠지? 어떤 의견에 찬성하는 사람도 있고 반대하는 사람도 있어야지, 서로 대립하고 경쟁하면서 발전하게 되는 거란다. 그런데 진시황은 사람들이 자신과 반대되는 목소리를 내는 것을 참지 못했어. 결국 4백 60여 명의

선비를 산 채로 매장했으며, 농업 등 실용적인 목적을 지닌 책을 제외하고는 거의 모든 책을 불사르는 행동도 서슴지 않았지. 결국 이러한 행위는 유학을 믿는 선비들의 강한 반발을 불러 일으켰고 중국은 물론 동양 문화 전체에 너무나도 깊은 상처를 남겼단다."

"그렇군요! 거의 모든 책이 불태워졌으면 제대로 공부도 못했겠어요!"

훈장님은 안타까운 표정을 지으셨다.

"그렇단다. 분서갱유 때문에 인류가 한 걸음 퇴보했다고 해도 과

언이 아니란다. 책이 전부 없어져 버렸기 때문에 후대에는 그 없어진 책들의 복구 및 재 편찬, 해석 등을 연구하는 훈고학과 고증학이 발달하게 되었지."

옥림이는 고개를 끄덕였다.

"자, 그럼 오후 수업은 이것으로 마치고 저녁을 먹자구나! 저녁을 먹은 뒤에는 다 같이 개울가로 나가 물놀이를 하도록 하자."

"와아!"

아이들은 신나서 소리를 질렀다. 옥림이도 환호성을 질렀다. 물론 옥림이는 아이들과는 다른 이유로 환호성을 지른 것이었다.

저녁을 먹고 모두들 물놀이를 하러 개울가로 떠나자 옥림이는 슬그머니 화장실에서 나왔다. 옥림이는 물놀이를 가지 않기 위해 화장실에 숨어 있었던 것이다.

옥림이는 누군가에게 들킬세라 슬금슬금 걸음을 옮겼다.

"옥림아!"

그때였다. 누군가가 자신을 부르는 소리에 옥림이는 너무 놀라 심장이 멎는 줄 알았다.

"아악! 누구야?"

"나야, 나. 재문이! 헤헤. 물놀이 같이 가려고 기다리고 있었어."

옥림이는 놀란 가슴을 쓸어내렸다. 그리고 재문이의 팔을 잡아 끌었다.

"할 수 없지! 너도 나랑 같이 하자!"

"응? 뭘? 헤헤. 난 뭐든지 너랑 하면 다 좋아."

영문은 모르겠지만 신난다는 표정으로 재문이는 옥림이를 따라 나섰다. 옥림이는 조심조심 훈장님 방으로 들어가더니 책꽂이에 꽂혀 있는 책들을 모조리 빼서 뒷마당으로 옮겼다.

"뭘 그렇게 보고만 있는 거야? 너도 얼른 도와!"

옥림이는 재문이를 향해 소리쳤다.

"뭘 하려고 그래? 헤헤."

재문이는 습관처럼 뒤통수를 긁적였다.

"보면 몰라? 나, 청학동의 모든 책들을 불태워 버릴 거야!"

옥림이의 말이 끝나기가 무섭게 재문이가 깜짝 놀라 뒤로 나자 빠졌다. 재문이의 단춧구멍만 한 작고 통통한 눈이 단추만큼 커다래졌다.

"오, 옥림아! 그, 그게 진, 진심이야?"

"그럼! 정말이고말고! 너도 오늘 분서갱유에 대해 배웠지? 나는 정말 감탄했어! 세상의 모든 책들을 불태우다니! 내가 진시황제처럼 세상의 모든 책을 불태울 수는 없겠지만 여기 청학동에 있는 책이라도 모두 없애 버리겠어! 책이 없어지면 공부를 할 수 없으니 모두 집으로 돌아가야겠지? 난 얼른 집으로 돌아가고 싶단 말이야!"

옥림이는 당당하게 소리쳤다. 그리고는 또 다시 훈장님 방 책꽂이에 있는 책들을 뒷마당으로 나르기 시작했다.

"나, 나도 집으로 돌아가고 싶어!"

꿰다 놓은 보릿자루처럼 멍하게 서 있던 재문이가 바쁘게 움직이고 있는 옥림이를 향해 말했다.

"나, 나도 집으로 돌아가고 싶다고! 그, 그러니까 나도 도울래."

"좋아! 그럼 너는 싸가지 방에 있는 책을 날라!"

옥림이와 재문이는 한참을 왔다 갔다 하며 책을 뒷마당으로 날랐다. 곧 뒷마당에는 이름 모를 책들이 수북이 쌓였다.

"대충 된 것 같은데, 이제 시작해 볼까?"

옥림이는 무시무시한 미소를 지으며 책 더미를 향해 다가갔다. 그 옆에서 재문이는 덜덜 떨며 상황을 지켜보고 있었다. 뒷마당은 조용했다. 오로지 재문이의 꼴깍 침 넘기는 소리만 들릴 뿐이었다.

2 후회하는 옥림이

"안 돼! 멈춰!"

뒷마당의 고요함을 깨고 누군가 있는 힘껏 고함을 질렀다.

"멈추란 말이야!"

고함을 지르며 달려오는 것은 다름 아닌 수윤이였다. 수윤이의
얼굴은 사색이 되어 있었다.

옥림이와 재문이는 깜짝 놀라 뒤로 한 걸음 물러섰다.

"너희들 대체 이게 무슨 짓이냐?"

"지, 집에 가고 싶어서 채, 책을 불태우려고."

재문이가 이렇게 말하자 옥림이가 재문이의 옆구리를 툭 세게 쳤다.

"아얏! 왜! 오, 옥림이 네가 그렇게 말했잖아. 집에 가고 싶어서 책을 불태운다고!"

수윤이는 무서운 눈빛으로 옥림이를 노려보았다. 옥림이는 고개를 숙인 채 발끝만 보고 있었다.

"이옥림, 너 정말 구제불능이구나! 그래도 이런 일까지 저지를 것이라고는 상상도 하지 못했다."

옥림이는 구제불능이라는 말에 발끈하여 화를 내려 했으나 수윤이의 표정이 하도 무서워서 입을 다물고 말았다.

"이런 무시무시한 일까지 저지르리라고는 정말이지……."

"그럼 훈장님께 일러바치면 될 것 아니야……."

옥림이는 기어 들어가는 목소리로 겨우 입을 열었다. 어차피 집으로 돌아가기만 하면 그만이었다. 수윤이가 훈장님께 이번 일을 일러바친다면 훈장님께서는 분명히 자신을 집으로 돌려보낼 것이다. 혼은 좀 나겠지만 말이다. 하지만 수윤이의 대답은 뜻밖이었다.

"아니! 나는 이번 일을 비밀로 할 작정이다. 훈장님께서 충격을 받으시는 것을 나는 원하지 않는다. 대신 이옥림 너는 꼭 벌을 받아야만 한다. 그 벌이 무엇인지는 나중에 알게 될 것이다."

수윤이는 어른스럽고도 단호한 표정으로 말했다. 그리고는 서둘러 뒷마당에 가득 쌓인 책들을 다시 방으로 옮기기 시작했다. 한참을 멍하게 서 있던 옥림이와 재문이는 수윤이를 도와 책들을 다시 방 안으로 운반했다.

다음 날이 되어도 훈장님의 불호령은 떨어지지 않았다. 아무래도 훈장님께 비밀로 할 거라는 수윤이의 말은 진심이었던 것 같았다. 그래도 옥림이는 불안한 마음을 쉽사리 떨쳐 버릴 수가 없었다. 무엇보다도 멍청한 재문이가 실수로 어제의 일을 사람들에게 말해 버릴까 전전긍긍했다.

'수윤이는 왜 어제 일을 훈장님께 일러바치지 않은 걸까? 차라리 평소처럼 혼이라도 나면 마음이 편하겠어.'

"이옥림, 너 그렇게 걱정할 거면서 왜 그런 실수를 한 거냐?"

혼자 개울가에 나와 멍하게 앉아 있는 옥림이에게 수윤이가 다가왔다.

"흥! 내가 걱정을 하고 있는지 아닌지 네가 어떻게 알아? 나는 어제 책을 불태우지 않은 것을 후회하고 있었다고!"

옥림이는 또다시 마음에도 없는 말을 내뱉었다. 순간 수윤이의 표정이 어두워졌다.

"역시 네가 반성을 하고 있다고 생각한 것은 내 착각이었구나. 그래도 나는 너를 믿었는데……. 좋아, 이제 나도 더 이상 너를 믿어 주지 않겠다."

수윤이는 차갑게 돌아서서 성큼성큼 옥림이에게서 멀어졌다. 수윤이의 길게 땋은 댕기 머리가 좌우로 흔들거렸다.

'그래도 나는 너를 믿었는데……'

옥림이의 귓가에 수윤이의 마지막 말이 자꾸만 맴돌았다. 옥림이는 다시 멍하게 흘러가는 시냇물을 바라보았다.

3 귀신이 나타났다

그날 밤이었다.

청학동이 갑자기 술렁이기 시작했다.

"여기도 없어!"

"화장실도 찾아봤는데 거기에도 없던걸?"

"대체 어디에 간 거야? 비도 오는데."

일찍 잠에 들었던 옥림이는 소란스러움을 참지 못하고 눈을 비비며 일어났다.

"너무 시끄러워! 잠 좀 자자. 대체 무슨 일인데 그래?"

옥림이는 신경질을 부렸다.

"없어졌어! 없어졌단 말이야!"

"대체 누가?"

"재문이, 재문이가 사라졌어!"

옥림이는 눈이 번쩍 뜨였다. 뭐, 재문이가 사라졌다고?

밖은 해가 저문 지 오래라 이미 어두컴컴했고 장맛비가 추적추적 내리고 있었다.

그때 훈장님이 나타나셨다.

"너희들은 안심하고 잠자리에 들어라. 수윤이와 내가 찾아볼 것이니."

훈장님은 걱정하고 있는 아이들을 다시 이불 속에 들게 하고는 손전등을 찾아들고 밖으로 나갔다. 수윤이의 모습은 어딜 갔는지 보이지 않았다.

옥림이는 이불 속에 누워 잠든 척을 하다가 주위가 조용해지자 슬금슬금 기어 나왔다.

'내가 이러고 있을 순 없지! 나도 나가서 재문이를 찾아봐야겠다.'

옥림이가 생각하기에 재문이는 배가 고파 슈퍼를 찾아간 것이 분명했다. 며칠 전, 옥림이와 재문이는 걸어서 30분이 넘게 걸리는 아랫마을에 있는 슈퍼를 찾아가 아이스크림을 사 먹은 일이 있었다. 재문이는 혼자서 슈퍼를 찾아갔다가 어둡고 비까지 내리는 바람에 길을 잃은 것이 분명했다.

옥림이는 손전등도 없이 작은 우산만을 들고 밖으로 나왔다. 그리고 슈퍼 쪽을 향해 무작정 걷기 시작했다.

주변은 생각했던 것보다 훨씬 어두웠다. 길이 제대로 보이질 않았다. 옥림이는 순전히 자신의 감각만 믿고 천천히 앞으로 나아갔다.

"재문아! 재문아!"

아무리 목이 터져라 외쳐도 '옥림아, 나 여기 있다. 헤헤' 하는 재문이의 어수룩한 목소리는 들리지 않았다.

그때였다.

'휘이이이, 휘이이이!'

어디선가 바람을 타고 휘파람 소리가 들려왔다. 옥림이는 겁이 덜컥 났다. 등골이 오싹했다.

"거, 거기 누구 있어요?"

길 양옆으로는 대나무 숲이 펼쳐져 있었다. 아무래도 그 사이에서 들려오는 소리 같았다. 옥림이는 조심조심 휘파람 소리가 나는 곳으로 다가가 보았다.

'휘이이이, 휘이이이!'

휘파람 소리는 더욱 크게 옥림이의 귓가를 울렸다. 옥림이의 팔뚝에 오소소 소름이 돋았다. 그러다가 대나무 숲으로 몇 발자국 더 가까이 다가가자 뭔가 형체를 알 수 없는 하얀빛의 물체가 눈앞에 불현듯 나타났다 사라졌다.

"으아악!"

　깜짝 놀란 옥림이는 그만 그 자리
에 주저앉고 말았다.

　'뭐, 뭐지? 귀, 귀신인가?'

　옥림이는 어서 학교로 돌아가야겠
다고 생각했다. 그러나 무거워진
다리는 꼼짝을 하지 않았다. 옥림이
는 주저앉은 채로 뒷걸음질 쳤다.

　"휘이이익, 어. 딜. 가. 느. 냐?"

　그때 휘파람 소리를 내던 물체가 말을
하기 시작했다. 옥림이는 엉엉 울어 버리고
싶은 심정이었다.

　"휘이이익, 이. 말. 썽. 꾸. 러. 기. 이. 옥. 림!"

　"무, 무조건 자, 잘못했어요. 귀, 귀신님!"

　옥림이는 손을 싹싹 빌기 시작했다.

　"휘이이익, 나는 네가 한 일을 전부 다 알고 있다. 또 그럴
테냐?"

　"다, 다시는 안 그럴게요. 훈장님 말씀도 잘 듣고 장난도 치지 않
을게요. 살려만 주세요."

옥림이는 울면서 목숨만 살려 달라고 빌었다. 빌고 또 빌었다.

"그렇다면 한 번 더 믿어 주겠다. 만약 또다시 장난을 친다면 너는 영원히 이 청학동을 벗어날 수 없을 게야!"

"예, 예. 감사합니다. 감사합니다. 엉엉."

옥림이는 한참을 감사합니다, 목숨을 살려 주셔서 감사합니다, 라고 울부짖었다.

삼시 뒤, 정신을 차려 보니 귀신은 사라지고 어두컴컴한 대나무 숲만 바람에 흔들리고 있었다. 옥림이는 힘이 풀린 다리를 부여잡고 걸음아 날 살려라 하며 얼른 학교로 뛰어갔다. 우산은 어디로 갔는지 내팽개쳐진 채였다.

4 귀신은 없다

학교로 돌아오니 훈장님과 아이들이 이번엔 옥림이를 찾아 헤매고 있었다. 이미 재문이는 돌아와서 곤히 잠들어 있었다.

"대체 어디 갔었느냐? 얼마나 깜짝 놀랐는지 아느냐?"

"재, 재문이를 찾으러……."

옥림이를 크게 혼내려던 훈장님은 재문이를 찾으러 갔었다는 옥림이의 말에 약간 누그러지신 듯했다. 비록 말썽꾸러기 옥림이지만 친구를 마음속 깊이 생각하고 있었다는 것에 대견함을 느끼신

모양이었다.

얼굴이 창백해진 옥림이는 이불 속에 눕자마자 깊은 잠에 빠져들었다.

다음 날 눈을 뜬 옥림이는 깜짝 놀랐다. 수윤이가 자신의 곁에 앉아 책을 읽고 있었던 것이다. 다른 아이들은 어디로 갔는지 보이질 않았다.

"어, 어떻게 된 거야?"

"다른 아이들은 체험 학습을 하기 위해 훈장님과 지리산에 갔단다. 나는 너를 간호하기 위해 남았고."

"나를 간호한다고? 왜?"

"기억 못 하는구나. 넌 식은땀을 흘리면서 밤새 앓았어. 헛소리도 하고 말이다."

"내가 앓았다고? 헛소리도 하고?"

"그렇다. 귀신을 봤다면서 헛소리를 했단다, 허허."

옥림이는 얼굴이 빨개졌다. 그러나 자신이 어젯밤에 본 것은 분명히 귀신이었다. 옥림이는 수윤이에게만이라도 털어놓아야겠다고 생각했다.

"사실은 어제 저 아래 대나무 숲에서 진짜로 귀신을 보았어!"

그러자 수윤이는 눈을 동그랗게 뜨더니 곧 배꼽을 부여잡고 껄껄껄 웃기 시작했다.

"세상에! 귀신이라니! 요즘 세상에 귀신이 어디 있단 말이냐? 아직도 아픈 게냐?"

옥림이는 그런 수윤이의 반응에 너무 답답하고 화가 났다.

"진짜야. 그 귀신은 내 이름도 알고 있었다고!"

"껄껄, 그만하여라. 배꼽 빠지겠구나."

옥림이는 슬슬 약이 올랐다. 그럼 그 하얀 것은 대체 무엇이란 말인가?

한참을 웃던 수윤이는 자세를 고쳐 앉더니 진지한 표정을 지었다.

"너한테 이 이야기를 들려주어야겠구나. 순자가 살던 시대에는 각종 미신들이 유행하였다."

"에잇, 또 순자야? 아얏! 왜 때려! 난 환자라고!"

"그러니까 조용히 들어라! 점을 치거나 귀신이 있다고 믿는 것 등이 바로 미신이다. 순자는 그러한 미신 관념들을 매우 안 좋게 보았다. 순자는 주변의 불안정한 상황으로 인해 사물이 분명하게 드러나지 않아 사람들이 귀신이 있다고 믿게 되는 거라고 생각했지. 예를 들어 캄캄한 밤길을 가는 사람은 돌덩이를 보고서 호랑이가 엎드려 있다고 생각할 수 있고, 길가의 나무를 보고 사람이 서 있다고 착각할 수도 있는데, 이것은 어둠이라는 것이 사람의 눈을 혼란시키기 때문이라는 것이다."

"그럼 내가 다른 사물을 보고 그것을 귀신으로 착각했다는 말이야?"

"하하, 옛날에 하수라는 나라에 어리석고 겁이 많은 연촉량이라는 사람이 살고 있었다. 하루는 밤길을 가다가 자신의 그림자를 보고 귀신이 엎드려 있다고 생각하고 자신의 머리카락이 비친 것을 보고는 괴물이 서 있다고 생각하여 등을 돌려 달아나기 시작했지. 그러다가 자기 집에 도착할 무렵 기절하여 죽었단다."

옥림이는 어제 일을 곰곰이 생각해 보았다. 만약 자신이 본 것이 귀신이 아니었다면? 그저 고양이나 바위를 보고 착각한 것이라면?

"순자는 사람들이 귀신이 있다고 여기는 것은 대개 어리석고 무식하기 때문이라고 말했단다. 너 관상을 본 적이 있느냐?"

옥림이는 고개를 가로저었다.

"난 관상이 뭔지도 모르는걸?"

"하하. 관상이라는 것은 사람의 겉모습, 용모에 근거하여 사람의 귀천, 길흉, 화복을 판단하는 것을 말한다. 순자는 어리석은 사람만이 관상쟁이를 칭찬하며 그들의 술수를 믿으며, 학문한 사람은 그러한 것을 믿지 않는다고 생각하였다. 그래서 순자는 하늘, 때, 땅 등 자연의 조건은 사회 혼란의 원인이 될 수 없다고 하였다. 세상을 잘 다스리는 것과 잘못 다스리는 것은 하늘의 뜻에 달린 것이 아니라 나라를 다스리는 자의 능력에 달려 있기 때문이지."

옥림이는 수윤이의 이야기에 귀가 솔깃해졌다.

"또한 순자는 하늘이 사람의 길흉화복과 빈부귀천, 즉 운이 좋고 나쁘고, 돈이 많고 적고, 귀하고 덜 귀하고를 결정할 수 없다고 보았다. 따라서 만일 사람들이 농업에 힘쓰고 돈을 절약하면 하늘은 사람을 가난하게 할 수 없고, 옷과 음식을 갖추고 때에 알맞게 행동하면 하늘은 사람을 병들게 할 수 없다고 보았던 것이다. 즉, 순자는 '하늘을 떠받들고 믿기보다는 사물을 기르고 가꾸는 것이 나으며 하늘을 따르고 칭송하는 것보다는 하늘의 뜻을 움직여 이용하는 것이 낫다'라고 하였는데 이것을 바로 '능참'이라고 한단다."

"능참?"

"그래, 능참."

옥림이는 고개를 끄덕였다.

"다시 말하자면, 하늘에는 때가 있고 땅에는 재물이 있으며 사람은 그것을 다스릴 수 있는 능력을 갖고 있다는 것이지."

5 범인은 바로

"그래, 내가 본 하얀 물체가 귀신이 아니었다고 쳐. 그렇다면 그 목소리는 뭐야?"

수윤이의 이야기를 모두 듣고 나서도 옥림이는 고개를 갸우뚱거릴 수밖에 없었다.

"귀신을 보아서 많이 무서웠느냐?"

"죽는 게 이런 것이구나 싶었어. 순자 말대로 귀신이 아니라 다른 사물을 보고 내가 착각한 것이라면 좋겠지만……."

"그러니까 귀신이 당부한 대로 장난 좀 그만 치란 말이다."

수윤이는 단호한 표정으로 옥림이에게 말했다.

순간 옥림이의 표정이 일그러졌다. 수윤이 역시 '아차!' 싶은 표정을 지었다.

"그, 그럼. 난 바쁜 일이 좀 있어서."

수윤이는 옥림이의 눈치를 살피며 뒷걸음질을 쳐서 옥림이의 방을 빠져나가려고 했다.

"잠깐! 거기 서지 못해? 이수윤!"

옥림이는 수윤이의 뒤통수를 향해 베개를 집어 던졌다. 휙 날아간 베개는 수윤이의 뒤통수 한가운데를 맞고 바닥에 툭 떨어졌다.

"아얏!"

"이수윤, 너 내가 말도 안 했는데 어떻게 귀신이 나한테 당부한 내용을 알고 있는 거지, 응?"

"그, 그게 말이다."

"범인은 너야, 그렇지? 내가 본 건 귀신이 아니라 바로 너 이수윤이었다고!"

옥림이는 씩씩거리면서 수윤이를 노려보았다. 수윤이는 어쩔 수 없다는 표정으로 어울리지 않게 재문이처럼 뒤통수를 긁적이며 옥림이에게 다가와 앉았다.

"그래, 나였다. 장난친 것은 정말 미안하다."

옥림이는 여전히 분이 풀리지 않는 눈치였다.

"내가 얼마나 놀랐는지 알아? 정말 그대로 죽는구나 싶었다고! 어떻게 그런 장난을 칠 수 있어?"

"방금 네가 한 말을 다시 되새겨 보려무나. 너의 장난에 당한 아이들도 똑같은 생각을 하지 않았을까?"

수윤이의 말에 옥림이는 멈칫했다.

옥림이는 단 한 번도 자신의 장난에 당하는 아이들의 마음은 헤아려 본 적이 없었다. 그저 아이들의 표정이 재미있었고, 장난치는 것 자체가 스릴 있었기 때문에 계속 말썽을 피웠던 것이었다.

"나도 네가 그렇게 놀랄 것이라고는 상상도 못했다. 정말 미안하다. 하지만 네가 어떤 벌을 받아도 뉘우치는 기색이 없기에 최후의 방법을 써 본 것뿐이다. 나는 네가 나쁜 아이가 아니라는 것을 잘 알고 있다. 그래서 끝까지 너를 믿었던 것이다. 내가 한 말을 곰곰이 생각해 보아라."

수윤이는 담담하게 말을 마치고는 방을 나갔다. 옥림이는 한동안 아무 말도 하지 못한 채 그대로 앉아 있었다.

공자와 소크라테스는 왜 성인일까요?

공자와 소크라테스는 석가모니, 예수와 함께 4대 성인이라고 일컬어집니다. 동서양을 막론하고 고대인들은 자연이나 신에 대한 두려움에서 벗어나지 못했습니다. 마치 인간이 자연이나 신의 품에 안겨 있는 상태라고 할 수 있습니다. 이에 대해 인간의 독립성과 주체성을 처음으로 제기한 사람이 공자와 소크라테스였습니다.

소크라테스의 '너 자신을 알라' 라는 주장은 신이나 자연이 아닌 인간 너 자신이 모든 것의 주체라는 뜻입니다. 마찬가지로 공자가 말한 예는 그 이전의 신에 대한 사랑을 구하는 제사의 뜻이 아니라 사람 사이의 사랑을 표시하는 형식이라는 뜻입니다. 따라서 공자가 말하는 예는 신을 전제로 한 것이 아니라 인간을 중심으로 한 것입니다. 그렇다면 이러한 공자와 소크라테스의 주장은 당시 사람들에게 잘 받아 들여졌을까요? 아마 종이도 아직 발명되지 않았고 문자도 통일되지 않았던 시기의 고대인들에게는 어려웠겠죠. 따라서 공자와 소크라테스의 철학을 진정으로 이해하게 된 것은 수백 년 후의 일이었습니다.

맹자와 순자의 대안

맹자와 순자는 공통적으로 공자의 계승자임을 자처하고 있습니다. 따라서 그들은 당시 공자의 사상이 잘 수용되지 않는 것을 보며 고민하지 않을 수 없었습니다. 맹자의 고백에 따르면 당시 천하 여론의 절반은 묵가와 도가였습니다. 특히 묵가는 노동자와 농민이 주요 구성원이었기 때문에 모든 것을 하느님의 뜻에 의지하였습니다. 따라서 맹자는 묵가의 왕성한 활동을 바라보면서 대중들에게 유가의 예를 지키도록 하기 위해서는 무언가 권위가 필요하다고 보았습니다.

맹자는 사람의 본성 가운데 인의예지가 들어 있으며, 그것이 곧 하늘의 이치라고 주장하며, 우리가 예를 지키는 것은 곧 하늘의 이치를 지키는 것이라고 보았습니다. 이렇게 하늘의 이치가 인간의 본성에 담겨 있다고 하는 것이 성선설입니다. 성선설은 사람의 본성이 착하다는 뜻이지만, 맹자가 그러한 주장을 하게 된 근본적인 이유는 바로 대중들이 예를 잘 지킬 수 있도록 하기 위해서였습니다. 그렇다면 당시 사람들이 맹자의 이러한 주장을 잘 이해할 수 있었을까요?

순자는 맹자의 실패를 지켜보면서 다른 방식으로 예를 지킬 수 있는

방안을 생각하게 되었습니다.

귀신은 존재하는가?

고대인들은 자연과 사회 현상을 막론하고 모두 지고무상한 어떤 것으로부터 유래하며, 절대 권위를 가진 상제(하느님)가 주재하는 것으로 믿었습니다. 상제는 의지를 가진 일종의 인격신으로서 사람의 모든 길흉화복, 예컨대 농작물의 작황이나 전쟁의 승패, 성읍의 건축, 관리의 임명과 퇴출 등을 모두 관장한다고 생각하였습니다.

서양에서는 고대부터 신의 존재를 증명하는 여러 가지 이론이 있었습니다. 동양에서는 유일하게 묵가라는 학파에서 귀신을 증명하였습니다. 묵가는 공동 생산과 분배를 중시하였으며 노동자와 농민이 주요 구성원이었기 때문에 유가에서 강조하는 예약을 이해하기가 어려웠습니다. 오히려 당시 민중들이 갖고 있던 미신을 이용하여 별도의 법을 만들어 집단을 유지했습니다.

묵가에서는 세 가지 근거를 들어서 귀신이 존재한다고 주장하였습니다. 첫째 역사적 기록에 의하면 귀신이 있다는 내용이 많다는 것입니다. 둘째 일반 사람들에게 귀신을 보거나 있다는 말을 쉽게 들을 수 있다는 것입니다. 셋째 귀신이 있는 것이 국가와 백성에게 유리하다는 것입니다. 여기서 제시된 두 번째 근거는 사실 오늘날 관점에서 보면 황당한 일이라고 할 수 있습니다. 그러나 당시 일반 백성들의 인식 수준을 감안하면 무리한 주장은 아닙니다. 특히 귀신이 있다는 것이 국가와 백성에게 유리하다는 주장은, 일정한 법이 갖추어지지 못한 시대에 귀신이 상벌을 내린다는 주장을 통해 집단의 질서를 유지하기 위한 부득이한 선택이었습니다.

동양에서 보면 서양의 창조주로서의 하느님과 같은 종교는 없습니다. 또한 서양 종교에서는 인간의 세계와 신의 세계가 늘 나뉘어져 있으며, 사람과 신은 절대 같을 수 없습니다. 그런데 유교에서는 모든 사람이 성인이 될 수 있다고 하고, 불교에서는 모든 사람이 부처가 될 수 있다고 하며, 도교에서는 모든 사람이 신선이 될 수 있다고 합니다. 이처럼 동양의 종교에서는 절대자와 일반 사람이 늘 연관되어 있습니다. 더욱이 우리나라 단군신화에서는 환웅이라는 신이 풍백우사 등의 신과 함께 인간의 세계인 아사달에 내려와 신시를 건립하였다고 합니다. 이것은 서양에서 인간이 신의 나라에 가고자 염원하는 것과는 정반대로, 오히려 신들이 인간계를 그리워한다는 내용이 그려져 있는 것입니다. 한마디로 동양의 현실주의적이고 인문주의적인 문화의 특색을 반영한 것이라 할 수 있습니다.

옥림이와 화성기위

 누구라도 나를 충고해 주고 결점을 적당하게 지적해 주는 자가 있으면
그 사람이야말로 나의 스승으로서 존경해야 할 사람인 것이다.

− 순자

1 별처럼 아름다운 말, 화성기위

수윤이가 나간 뒤, 옥림이는 훈장님의 방을 찾아갔다.

"아이고, 우리 옥림이가 어쩐 일이냐?"

옥림이는 자신을 반갑게 맞아 주시는 훈장님 앞에 무릎을 꿇었다. 옥림이의 두 눈에서는 쉴 새 없이 눈물이 흘러내렸다.

"잘못했어요, 훈장님."

옥림이는 훈장님에게 자신이 청학동에 있는 모든 책들을 불태우려 했던 사실을 털어놓았다. 그리고 그동안 저지른 수많은 장난들에 대해서도 깊이 반성하고 있다고 얘기했다.

"혼내 주세요. 벌을 내려 주세요, 훈장님!"

그러나 이야기를 모두 들으신 훈장님은 화를 내시기는커녕 흐뭇한 미소를 지으셨다.

"우리 옥림이가 이제 다 컸구나! 아주 대견스러워. 모두 용서해 줄 테니 이제 그만 편히 앉아라."

"정말이세요?"

"그래, 네가 이렇게 반성을 하는 모습을 보이니 아주 흐뭇하구나."

"고맙습니다."

옥림이는 눈물을 닦고 자세를 고쳐 앉았다.

아까 수윤이가 방을 나간 뒤 옥림이는 자신의 행동에 대해 많이 반성했다. 왜 자신은 단 한 번도 상대방의 입장에서 생각해 보지 않았을까?

막상 자신이 누군가의 장난에 당해 보니 그제야 옥림이는 엄마, 아빠의 마음과 친구들의 마음을 이해할 수 있었다.

훈장님은 옥림이의 손을 꼭 잡아 주셨다.

"옥림아, 대신 이제 수윤이를 비롯한 모든 친구들과도 잘 어울려 지내야 한다. 알겠지?"

"네!"

옥림이는 고개를 끄덕였다.

훈장님의 방을 나온 옥림이는 수윤이를 찾았다. 아까 수윤이에게 화를 냈던 것이 못내 미안했기 때문이었다.

"재문아, 수윤이 못 봤어?"

"너희들, 수윤이 어디 갔는지 몰라?"

아이들은 모두 모른다는 듯 고개를 가로저었다.

저녁을 먹을 때도 수윤이는 나타나지 않았다. 옥림이는 저녁을 먹는 둥 마는 둥 하고는 다시 수윤이를 찾아다니기 시작했다.

"훈장님, 수윤이 심부름 보내셨어요?"

"아니다, 수윤이가 없느냐?"

"네, 아무리 찾아다녀도 보이질 않아요."

옥림이는 훈장님께 물어보았지만 훈장님 역시 수윤이의 행방을 모르고 있었다. 그때 마침 훈장님이 생각난 것이 있다는 듯 말씀하셨다.

"가만 있자. 그러고 보니 오늘이 며칠이더라?"

그리고는 손가락을 꼽아 보시더니 무릎을 탁 치셨다. 훈장님의 표정에는 곧 그림자가 드리워졌다.

"내가 잊고 있었구나. 오늘이 바로 그날인 것을……."

옥림이는 고개를 갸우뚱거렸다.

"오늘이 무슨 날인데요?"

"수윤이는 아마도 뒷동산에 올라가 있을 게다. 혼자 있고 싶을 테니 내버려 두는 것이 좋겠구나."

훈장님은 옥림이의 어깨를 다독여 주고는 방으로 들어가셨다. 그렇다고 가만히 있을 옥림이가 아니었다. 옥림이는 얼른 뒷동산으로 올라갔다. 벌써 어둠이 짙게 깔려 있었다.

"수윤아! 수윤아!"

옥림이는 어둠 속에서 수윤이를 찾았다.

"앗, 수윤아!"

저 멀리 달빛이 반짝이는 커다란 소나무 아래 수윤이가 다리 사이에 고개를 파묻은 채 앉아 있었다. 옥림이는 반가운 마음에 얼른 수윤이에게 달려갔다.

"수윤아! 내가 얼마나 찾았는지 알아?"

수윤이는 기척에 놀라 고개를 들었다. 그런데 수윤이의 눈가에 눈물이 촉촉이 맺혀 있었다. 옥림이는 깜짝 놀랐다. 수윤이는 언제나 당당하고 씩씩한 모습이었기 때문이다. 우는 모습 따위는 수윤이에게 어울리지 않았다.

"무, 무슨 일이야?"

옥림이는 조심스레 다가가 수윤이의 옆에 앉았다.

둘은 한동안 아무 말도 하지 않았다. 수윤이는 고개를 파묻은 채 어떤 생각을 하는 듯했고, 옥림이는 그런 수윤이의 곁을 지켜 주었다.

그러다가 문득 수윤이가 고개를 들었다. 그리고는 하늘을 보았다.

"별이 참 많구나."

옥림이도 수윤이처럼 별을 쳐다보았다.

"우와, 정말 별이 많네. 서울에서는 별을 많이 못 봤어."

"…… 오늘은 우리 엄마, 아빠가 돌아가신 날이야."

뜻밖의 말에 옥림이는 깜짝 놀랐다.

"그랬구나, 몰랐어."

"훈장님은 고마운 분이야. 고아인 나를 이렇게 키워 주셨으니 말이야. 그런데 우리 엄마, 아빠도 저렇게 별이 되었을까?"

옥림이는 조심스레 고개를 끄덕였다.

"그럼 언제나 너를 지켜보고 계실 거야."

옥림이는 수윤이의 손을 꼭 잡아 주었다.

"그러니까 넌 부모님 말씀 잘 들어야 하느니라!"

수윤이는 멋쩍은 듯이 하하 웃으면서 옥림이를 타박했다.

"너 아까 훈장님한테 갔었지? 다 봤다."

"다시는 장난치지 않겠다고 훈장님 앞에서 약속했어."

"정말이냐? 정말 앞으로는 말썽 부리지 않을 거냐?"

"응."

수윤이는 기분이 좋은 듯 연신 웃음을 지었다.

"너를 보니까 화성기위라는 말이 생각나는구나."

"화성기위? 꼭 별 이름 같다."

"하하, 그렇구나. 순자는 인간의 본성이 어떻다고 보았지?"

"악하다고 보았지!"

"그래. 그런 악한 본성을 노력을 통해 착하게 만드는 것, 그것을 바로 '화성기위'라고 하는 거란다."

옥림이는 고개를 끄덕였다.

"화성기위, 화성기위. 발음하기도 예쁜데 의미도 좋구나! 나도 노력을 통해서 착해졌으니까 화성기위라는 말과 나는 딱 어울리네! 히히."

수윤이와 옥림이는 서로 마주 보며 깔깔 웃었다.

"너희들, 여기서 놀고 있었구나!"

그때였다. 훈장님의 목소리가 들려왔다. 두 사람이 뒤를 돌아보니 훈장님 손에 찐 옥수수가 가득 담긴 바구니를 들고 흐뭇한 미소를 지으며 서 계셨다.

"훈장님!"

옥림이와 수윤이는 훈장님에게 달려갔다. 그리고는 찐 옥수수가 가득 담긴 바구니를 건네받았다.

"너희들, 이 훈장님보다 옥수수가 더 반가운 게로구나! 허허."

"네!"

옥림이와 수윤이는 동시에 대답했다.

세 사람은 달빛 아래서 시냇물 흐르는 소리를 들으며 이야기꽃을 피웠다. 즐거운 시간이었다.

"그런데 너희들, 아까 화성기위에 대해 이야기하는 것 같던데 맞느냐?"

옥림이는 옥수수를 입에 한가득 물고 대답했다.

"네, 수윤이에게 화성기위에 대해 배웠어요."

"저는 그저 얄팍한 의미만을 알려 준 것에 불과합니다. 스승님께서 더 자세하게 깨우쳐 주십시오."

수윤이는 역시 매우 겸손한 아이였다. 옥림이는 그런 수윤이의
모습에 예전과는 사뭇 다른 느낌을 받았다.

"허허, 그래. 우리나라에서는 순자에 대한 일반적인 생각이 성악
설과 관련되어 있으며 그것을 맹자의 성선설과 대비시키고 있단
다. 그러나 성악설은 순자 철학의 극히 일부분일 뿐이며, 인간의
모든 본성이 악하다는 주장이 아니란다."

"네, 수윤이에게 들었어요. 그래서 순자는 교육을 통해 나쁜 성
품을 변화시킬 수 있다고 했어요."

"그래, 우리 옥림이가 제대로 배웠구나. 순자는 인간에게는 태어
날 때부터 악한 일을 저지를 가능성이 있다고 보았는데, 이러한
악의 가능성이 있는 자연성을 극복하기 위해서 교육이 필수적이
라고 한 것이란다. 순자는 인간과 자연이 다르면서도 동시에 같은
점이 있기 때문에 둘을 통일시킬 수 있으며, 이것을 인간의 마음
에 적용해 볼 때에도 같은 논리가 성립될 수 있으므로 악의 가능
성이 있는 자연스러운 본능을 버려둘 것이 아니라 극복해야 한다
고 한 것이다."

"아! 그러니까 인간에게는 나쁜 일을 저지를 가능성이 있는데

그것은 노력을 통해 극복해야 한다는 그 말씀이시죠?"

"허허, 맞다."

훈장님은 이해가 빠른 옥림이가 대견하다는 듯 옥림이의 머리를 쓰다듬어 주셨다.

그때였다.

"우리만 빼고 여기서 놀기에요!"

"너무 하세요, 훈장님!"

"저희들도 옥수수 먹을 줄 안다고요!"

열댓 명의 아이들이 우르르 몰려들었다. 제일 섭섭한 표정을 짓고 있는 건 역시 재문이었다.

"옥림아, 정말 너무하다. 흐흐."

재문이는 섭섭해하면서도 찐 옥수수를 보니 신이 난 것 같았다. 옥림이는 아이들에게 옥수수를 나누어 주며 그동안 자신이 청학동을 시끄럽게 했던 일들을 사과했다.

여름밤이 깊어 가고 있었다. 또한 청학동 여름학교도 이제 막바지로 접어들고 있었다. 그 사실을 아는지 모르는지 아이들은 마냥 즐겁게 이야기꽃을 피웠다.

2 수박 서리

며칠이 지났을까?

옥림이는 어느새 청학동에서 제일 착실하고 차분한 학생이 되어 있었다. 예전 장난꾸러기의 모습은 어디에서도 찾아볼 수 없었다.

오히려 몸이 근질근질한 것은 수윤이었다.

"너 또 장난치고 싶진 않냐?"

수윤이가 짓궂은 표정으로 물었으나 옥림이는 천자문 책에서 눈을 떼지 않은 채 고개를 절레절레 흔들 뿐이었다.

"법 구, 걸음 보, 끌 인, 거느릴 령, 걸음을 바로 걷고 따라서 얼굴도 바르니 위의가 당당하다."

그리고는 또박또박 소리 내어 책을 읽어 내려갔다.

"진심은 아닐 테지? 실은 머릿속으로 장난칠 꿍꿍이가 숨겨져 있는 게지?"

수윤이가 또다시 짓궂은 표정으로 물었으나 옥림이는 여전히 천자문 책에서 눈을 떼지 않았다.

"묶을 속, 띠 대, 자랑 긍, 씩씩할 장, 의복에 주의하여 단정히 함으로써 긍지를 갖는다."

수윤이는 벌러덩 대청마루에 누워 버렸다. 평소 단정하기로 둘째가라면 서러운 수윤이에게 어울리지 않는 행동이었다. 사실 수윤이는 너무 심심했다. 수윤이뿐만이 아니었다. 끊임없이 사건을 만들어 내던 옥림이가 갑자기 모범생이 되어 버리자 심심해하는 아이들이 한둘이 아니었다. 다들 옥림이에게 의심의 눈초리를 보내고 있었다.

"갑자기 사람이 저렇게 변할 수는 없는 거야."

"분명히 지금은 모범생인 척하지만 또 다른 꿍꿍이가 숨겨져 있을 거야."

아이들과 생각이 다른 사람은 재문이뿐이었다. 재문이는 언제나 옥림이 편을 들었다.

"옥림이는 원래 착한 아이였어, 헤헤. 분명히 진짜 범생이가 된 거라고!"

결국 수윤이와 재문이를 비롯한 몇몇 아이들은 은밀히 모여 내기를 하기로 했다.

"헤헤, 나는 '옥림이가 진짜 모범생이 되었다'에 마당 쓸기 한 번 걸겠어!"

"나는 '옥림이는 여전히 장난꾸러기다'에 찐 옥수수 두 개를 걸겠어!"

아이들은 오랜만에 생긴 재미난 놀이에 신이 난 듯 저마다 원하는 쪽에 찐 옥수수나 감자 및 각종 일거리를 걸었다.

같은 시각, 옥림이는 여전히 공부 중이었다.

"배부를 포, 배부를 어, 삶을 팽, 재상 재, 배부를 때에는 아무리 좋은 음식이라도 그 맛을 모른다."

"주릴 기, 싫을 염, 재강 조, 겨 강, 반대로 배가 고플 때에는 겨와 재강도 맛이 있다."

아이들이 무슨 작전을 짜든 말든 관심 없다는 듯, 옥림이는 그저 소리 내서 또박또박 천자문만 읽어 내려갈 뿐이었다.

어둑어둑한 저녁이 되자 아이들은 행동 개시에 들어갔다.

행동 대장은 수윤이였다. 수윤이는 공부를 하고 있는 옥림이에게 다가갔다.

"옥림아! 잠시 쉬렴. 너무 공부만 하는 것도 건강에 좋지 못하느니라."

옥림이는 그제야 팔과 다리를 쭉 펴고 뿌듯한 표정으로 웃었다.

"응! 너무 오래 공부했나 봐. 안 그래도 피곤했어."

수윤이는 정말이지 자신의 눈과 귀를 자꾸 의심하게 만드는 옥림이에게 짓궂은 장난을 치고 싶다는 생각이 들었다. 수윤이는 속으로 웃으면서 옥림이의 손을 잡았다.

"옥림아, 나와 밖에 나가서 놀지 않으련? 재미난 놀이가 있단다."

옥림이는 눈을 반짝였다.

"무슨 놀이?"

"응. 저 아랫마을에 수박 밭이 있는데 수박이 아주 잘 여물었단다. 거기 가서 수박 서리를 하자!"

수윤이는 신이 나서 환호성을 지를 옥림이의 모습을 기대하며 말했다. 그러나 옥림이의 반응은 뜻밖이었다.

"어머, 그건 나쁜 짓이잖아. 남의 물건을 훔치면 안 돼."

수윤이는 조급해졌다. 자신은 옥림이가 여전히 장난꾸러기라는 쪽에 자그마치 찐 옥수수 열 개를 걸었다. 이러다가는 옥수수도 잃고 마당 쓸기, 설거지, 공부방 청소까지 전부 도맡게 생겼다.

"아니야. 수박 서리는 농촌에서 여름이면 행해지는 놀이의 일종이란다. 어른들도 아이들이 몇 개쯤 서리하는 것은 눈감아 주시지."

수윤이는 자꾸 옥림이를 부추겼다. 옥림이는 내키지 않았지만 착한 수윤이가 이렇게까지 권하는 것을 보니 한 번쯤 수박 서리를 해 보는 것도 괜찮겠다는 생각이 들었다. 결국 옥림이는 수윤이를 따라 아랫마을의 수박 밭으로 갔다.

수박 밭에 가까이 다다르자 둘은 슬금슬금 발소리를 줄였다. 그리고는 낮은 자세로 수박 밭에 기어들었다.

"이야! 수박 한번 정말 잘 익었군!"

수윤이는 신이 나서 속삭였다.

"으응……."

하지만 옥림이의 목소리에는 힘이 없었다. 아직도 나쁜 일을 저지르고 있다는 생각에 마음이 무거웠던 것이다.

결국 수박을 한 통씩 든 수윤이와 옥림이는 다시 슬금슬금 기어
나와 청학동 학교 앞 원두막으로 갔다. 아이들은 그곳에서 옥림이
가 과연 수박 서리를 해 올 것인가, 하지 않고 그냥 올 것인가에
대한 결과를 기다리고 있었다.

그런데 이게 웬일인가?

수윤이와 옥림이가 원두막에 도착했을 때, 뜻밖의 광경이 펼쳐
지고 있었다.

"제대로 손 들어라!"

"무릎 제대로 꿇지 못할까?"

내기에 동참했던 아이들은 호랑이같이 무서운 훈장님 앞에서 죄
다 무릎을 꿇은 채 손을 들고 있었던 것이다.

수윤이는 너무 놀라 그 자리에서 돌처럼 뻣뻣하게 굳어 버리고 말았다. 그리고 옥림이는 울음을 터뜨렸다.

"으앙, 수박 서리 한 거 정말 잘못했어요. 용서해 주세요!"

훈장님은 수윤이에게 무릎을 꿇고 손을 들게 한 다음, 옥림이를 향해 따뜻하게 웃어 주셨다.

"괜찮다, 네 잘못이 아니다. 여기 있는 아이들이 너를 시험에 들게 한 것뿐이란다."

옥림이는 영문을 몰라 고개를 갸우뚱거렸다. 훈장님은 계속해서 수윤이를 비롯한 아이들을 혼내셨다.

"너희들, 이제 착하게 마음먹고 공부 열심히 하는 옥림이에게 또 장난을 치게 하다니! 못된 놈들이로구나! 특히 수윤이는 순자의 철학에 대해 처음부터 다시 배워야겠구나! 화성기위라는 말은 옥림이보다 너에게 더 필요한 말인 듯싶다!"

수윤이는 얼굴이 빨개져서 고개를 들지 못했다.

"옥림아, 수박 서리를 하면서 마음이 어떠하였느냐?"

"잘못을 저지르고 있다는 생각에 마음이 너무 불편했어요."

옥림이는 느꼈던 그대로 말씀드렸다. 훈장님은 흐뭇한 듯 껄껄 웃으셨다.

"역시 옥림이 너는 정말 착한 아이가 되었구나! 껄껄."

훈장님은 기분이 좋으신 듯 아이들에게 모두 편안히 앉으라고 하였다.

"그 수박은 내가 주인에게 말해 값을 치르도록 하겠다. 그러니 이제 이 수박을 먹도록 하자꾸나."

"우와!"

모두들 훈장님께 혼이 난 사실도 잊은 채 빙 둘러앉아 사이좋게 수박을 나누어 먹었다.

"오늘은 용서하지만 내일부터 너희들은 다시 순자 철학에 대해 열심히 공부해야 할 것이다!"

청학동의 낡은 원두막에는 훈장님의 커다란 목소리와 아이들의 수박 먹는 소리와 웃음소리가 밤이 깊도록 이어졌다.

3 역할극 연습

이제 청학동 여름학교도 막바지에 접어들고 있었다.

새침한 도시 아이였던 옥림이도 여느 시골 아이들과 다름없이 얼굴이 까맣게 탄 채 개울가에서 신나게 뛰어놀았다. 그리고 그 옆에는 늘 재문이와 수윤이가 함께 있었다.

밤에는 평상에 둘러앉아 별을 보며 옥수수와 수박을 먹었다.

"우와, 저 별들 좀 봐! 금방이라도 쏟아져 내릴 것 같아."

"오늘은 이불 대신 저 별들을 덮고 자도 되겠다!"

아이들은 호호, 하하 웃으며 시간 가는 줄도 몰랐다.

청학동 여름학교의 졸업식을 일주일 앞둔 어느 날, 훈장님께서 옥림이를 따로 부르셨다.

"무슨 일이세요?"

"옥림아, 일주일 뒤에 졸업식인 것은 알고 있지?"

'졸업식'이라는 말에 옥림이의 표정이 금세 어두워졌다. 벌써 옥림이가 청학동에 온 지 한 달이 지나가 버린 것이었다. 이제 곧 친구들과 헤어질 시간이 온 것이었다.

"졸업식에는 부모님들이 참여하실 것이다. 그렇다면 부모님들에게 너희들이 그동안 무엇을 배웠는지 보여 드리는 것이 좋지 않겠느냐?"

"맞아요. 엄마와 아빠에게 제가 얼마나 똑똑해졌는지 보여 드리고 싶어요."

옥림이는 고개를 끄덕였다.

"그래서 말인데, 네가 졸업생 대표로 무엇인가를 했으면 좋겠구나. 네가 여기서 배운 것들을 어떻게 하면 부모님들 앞에서 뽐낼 수 있을지 곰곰이 생각해 보고 준비해 보거라."

옥림이는 깜짝 놀랐다.

"네? 제가 어떻게……, 저는 졸업생들 중에서 제일 말 안 듣는 말썽꾸러기인 걸요."

"허허. 그래서 더욱 의미가 있는 거란다. 나는 너를 믿는다."

훈장님의 방을 나오면서 옥림이는 훈장님의 마지막 말씀을 되새겨 보았다.

'나는 너를 믿는다.'

수윤이도 그렇게 말했었다. 수윤이는 천하의 말썽꾸러기였던 옥림이를 믿는다고 말했다.

"그래! 수윤이와 함께 해 보는 거야! 나를 믿어 주었던 수윤이와!"

옥림이는 곧바로 수윤이를 찾아갔다. 수윤이는 흔쾌히 옥림이를 도와주겠다고 했다.

"그럼 무엇을 하면 좋을까?"

"우리가 배운 순자의 사상을 노래로 만들어서 불러 보면 어떻겠느냐?"

"그건 안 돼. 나 음치란 말이야."

"그럼 연극을 해 보는 것은 어떻겠느냐?"

옥림이는 이번에도 고개를 가로저었다.

"연습 시간이 얼마 안 돼서 연극을 하기엔 시간이 촉박할 것 같아."

"그렇다면……, 아!"

"아!"

옥림이와 수윤이는 동시에 소리를 질렀다.

"그래, 역할극을 해 보는 거야!"

옥림이와 수윤이는 서로의 마음이 맞았다는 데 기쁨을 느끼고는 환호성을 질렀다.

"인물이 많아서는 안 돼. 너와 나 이렇게 둘이 하는 거니까 두 사람만 등장시키자."

"순자와 기자가 인터뷰하는 방식으로 하면 어떻겠느냐? 그것이 쉬울 것 같구나."

"좋아, 좋아."

두 사람은 밤을 새며 역할극 대본을 썼다. 재문이는 두 사람이 대본을 쓰느라 바쁠 때 부지런히 간식을 날라다 주었다.

"헤헤, 이 감자 좀 먹어 봐. 맛이 좋아."

"물도 마셔 가면서 해라. 헤헤"

동이 틀 무렵, 드디어 대본이 완성되었다. 재문이는 깜박 잠이

들었다가 두 사람의 박수 소리에 깨어났다.

시간은 단 6일 뿐이었다. 수윤이와 옥림이는 쉬는 시간도 없이
열심히 역할극 연습을 하였다. 정말이지 하루하루가 어떻게 가는
지 몰랐다.

졸업식 전날, 버스를 타고 부모님들이 하나 둘 청학동으로 모여
들었다.

"이머니! 그동안 별일은 없으셨는지요?"

"아버지! 절 받으세요."

부모님들은 한 달 사이에 철이 든 아이들을 보며 놀라움을 금치 못하였다.

　"옥림아!"

　엄마가 언제쯤 오실까 이제나저제나 기다리던 옥림이의 귀에 낯익은 목소리가 울렸다.

　"엄마!"

　엄마였다. 옥림이는 단숨에 엄마에게 달려가서 안겼다.

　"우리 옥림이 잘 있었어? 말썽은 안 부리고?"

옥림이는 고개를 끄덕였다.

"엄마, 죄송해요. 그동안 저 때문에 고생 많으셨죠? 이제 다시는 장난치지 않을게요."

옥림이의 말에 엄마는 깜짝 놀랐다. 더 놀란 사람은 엄마 옆에서 계시던 아빠였다.

사실 아빠는 옥림이가 청학동에서도 큰 사고를 쳐서 한 달도 못 채우고 서울로 돌아오지 않을까 전전긍긍했었다. 그런데 한 달을 무사히 지냈을 뿐만 아니라 이토록 어른스러워지다니! 아빠는 벌어진 입을 쉽사리 다물 수 없었다.

저녁을 먹은 뒤 마당에는 커다란 무대가 마련되었다. 바로 수윤이와 옥림이의 역할극이 진행될 무대였다.

옥림이는 심호흡을 크게 했다. 그리고는 수윤이의 손을 꼭 잡고 무대 위로 올랐다.

4 수윤이와 옥림이의 역할극

기자 안녕하세요? 이렇게 만나 뵙게 되어 영광입니다. 저는 청학
동일보의 이수윤 기자라고 합니다.

순자 허허. 반갑습니다. 저는 순자입니다. 춘추전국시대 말에 활
동한 제자백가 중의 한 명이지요.

기자 그렇다면 첫 번째 질문을 드리겠습니다. 천둥이나 벼락과
같은 자연현상은 모두 하늘이 노하여 사람에게 벌을 주는
것이 아닌가요? 그렇다면 가뭄이나 홍수는 왜 생기나요?

순자 천둥이나 번개는 일시적인 자연현상일 뿐입니다. 가뭄이나 홍수는 자연의 법칙에 따른 것이지, 사람의 일과는 전혀 상관없는 것입니다. 하늘이 잘못한 사람에게 내리는 벌이 아니니 걱정할 필요 없습니다. 사람과 하늘의 법칙은 엄연히 다른 것입니다.

기자 법칙이 다르다면 사람은 어떻게 해야 하나요?

순자 당연히 자연의 법칙을 이용하여 사람들에게 피해가 없도록 자연재해에 대비하고 그것을 극복해 나가야 되겠지요. 하늘에는 봄, 여름, 가을, 겨울의 네 계절이 있고, 땅에는 필요한 재물이 있으며, 사람에게는 그것들을 다스릴 수 있는 능력이 있습니다. 사람이 자연의 조건을 이용하여 자연을 극복하는 것을 '능참'이라고 하지요. 마찬가지로 사람에게도 자연적인 것과 인위적인 것이 있지요.

기자 사람에게 있어서 자연적인 것은 무엇이고 인위적인 것은 무엇인가요?

순자 자연적인 것은 누구나 똑같이 눈, 코, 입, 귀, 신체를 갖고 태어나는 것을 말합니다. 이것을 요즘에는 오관이라고 하는데, 저는 이것을 자연적인 것이라 하여 천관이라고 하였습니다.

천관은 상황에 따라서 여러 가지 욕망을 드러내게 됩니다. 예를 들면 배고프면 먹고 싶고, 추우면 옷을 입고 싶으며, 아름다운 색이나 음악을 좋아하게 되는 것 등이 이에 해당합니다. 이러한 욕망은 누구나 갖고 있지만 그렇다고 해서 사람이 언제나 자신의 욕심만을 채울 수는 없지 않겠습니까? 배가 고파도 어른이나 친구를 위해서 양보해야 할 때도 있고, 아무리 추워도 돈이 없어 옷을 입을 수 없는 경우도 있지요. 이러한 것은 사람의 자연적인 것이 아니라 인위적인 것이 되겠지요.

기자 자연법칙을 극복하듯이 사람의 자연적인 본능도 극복할 수 있겠군요.

순자 당연합니다. 자연을 극복하는 것을 '능참'이라고 하는 것처럼 인간의 자연스러운 본능을 인간의 인위적인 노력으로 극복하는 것입니다. 이것을 '화성기위'라고 하지요.

기자 그렇다면 사람은 누구나 자기 욕심을 채우려 할 텐데 어떻게 그것을 극복할 수 있나요?

순자 사람은 누구나 오관을 갖고 있지만, 한편으로는 마음도 갖고 있습니다. 저는 오관을 천관이라고 하는 것처럼 마음을 천군이라고 불렀습니다. 마치 관리들을 다스리고 통제하는 임금과 같다는 뜻이지요.

기자 　나라의 안정과 혼란은 하늘에 달려 있나요?

순자 　해와 달이 뜨고 지는 것은 성군인 우임금 때나 폭군인 걸왕 때나 모두 같았지만, 우임금 때는 천하가 안정되었고 걸왕 때에는 혼란스러웠습니다. 이것을 보면 나라의 혼란은 하늘과 무관하다는 것을 알 수 있습니다.

기자 　그렇다면 때가 안 좋아서 그런가요?

순자 　봄과 여름에 만물이 자라고 가을에 거두고 겨울에 저장하는 것은 우임금 때나 걸왕 때나 똑같았습니다. 그런데 우임금 때는 안정되었고, 걸왕 때는 혼란스러웠으니 때가 안 좋아서 그런 것도 아니겠지요.

기자 　그렇다면 땅이 그렇게 한 것인가요?

순자 　땅을 얻으면 살고, 땅을 얻지 못하면 죽게 되는 것은 언제나 마찬가지입니다. 그러니 땅이 그렇게 한 게 아닙니다.

기자 　그렇다면 결국 하늘과 땅은 정치의 안정과 혼란과는 관련이 없다는 것이군요.

순자 　하늘은 사람들이 추위를 싫어한다고 해서 겨울을 없앨 수 없고, 땅은 사람들이 먼 곳을 싫어한다고 해서 가깝게 할 수 없는 것입니다. 그러므로 사람이 자연법칙을 극복하는 것이 중요하지요.

기자 그렇다면 자연법칙을 극복하는 사람의 법칙은 구체적으로 무엇인가요?

순자 사람의 법칙이란 사람이 더불어 살면서 지켜야 하는 예의를 말한답니다. 하늘에 있는 것 가운데 해와 달보다 밝은 것이 없고, 땅에 있는 것 가운데 물과 불보다 밝은 것이 없으며 만물 가운데 구슬이나 옥보다 밝은 것이 없는 것처럼 사람에게 예의보다 밝은 것은 없습니다.

해와 달이 높이 있지 않으면 세상을 밝힐 수 없고, 물과 불이 모이지 않으면 혜택이 널리 미치지 못하며, 구슬이나 옥이 드러나지 않으면 보배가 되지 못하듯이, 예의가 나라에서 쓰이지 않으면 나라가 위태롭게 됩니다. 따라서 나라의 운명은 예의에 달려 있다고 할 수 있지요.

기자 저는 하늘에서 별이 떨어지거나 사당 앞에 서 있는 나무가 울면 겁이 납니다. 왜 그런 현상이 나타나는 걸까요?

순자 그러한 것은 모두 하늘과 땅의 변화이고, 음과 양의 조화로써 드물게 일어나는 현상일 뿐입니다. 이상하게 여기는 것은 좋지만 두려워할 필요는 없습니다. 두려워해야 할 일은 사람들이 일으키는 재앙입니다.

기자 사람들이 일으키는 재앙이란 무엇인가요?

순자 농부가 씨 뿌리고 김맬 시기를 놓쳐서 농사일을 망치고, 정치가들이 세금을 너무 많이 거두어 들여 민심을 잃고, 물가가 많이 올라 굶주리는 백성들이 거리에 있게 되는 것을 모두 사람들이 일으킨 재앙이라고 볼 수 있습니다.

기자 기우제를 지내면 비가 내리는 이유는 무엇인가요?

순자 기우제를 지내서 비가 오는 것이 아니라 비 올 때가 되어 내린 것뿐입니다. 다만 기우제를 지내지 못하면 마음이 불안해서 어찌할 바를 모르는 사람이 있는데 그런 사람들은 기

우제를 지내서 마음을 안정시키는 것이 좋습니다. 그렇지만 재물을 낭비하면서까지 그렇게 할 필요는 없지요.

기자 하늘을 위대하다고 여기고 사모하는 것과 평소에 미리 대비하는 마음으로 재물이나 식량을 잘 비축해 두는 것 중 어느 것이 낫습니까? 또 때를 바라보며 마냥 기다리는 것과 때에 알맞게 응하여 사물을 많게 하는 것 가운데 어느 것이 더 낫습니까? 물론 대답은 한 가지겠지요?

순자 그렇습니다. 당연히 미리 대비하고자 노력하는 것이 낫겠죠. 사람의 노력을 버려두고 하늘을 탓하는 일은 잘못입니다.

기자 오늘 인터뷰 정말 감사드립니다.

순자 뭘요, 저도 여기 청학동에 와 보니 공기도 맑고 인심도 좋아 다시 제나라로 돌아가고 싶지가 않네요. 허허.

5 마지막 인사

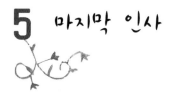

    역할극이 끝나자 마당에 모인 수많은 사람들이 일어나 기립 박수를 쳤다. 그중 가장 감동적인 표정을 짓고 있는 사람은 다름 아닌 옥림이의 엄마와 아빠였다.

    "우리 딸 최고다!"

    "옥림이 만세!"

    엄마와 아빠는 옥림이의 의젓하고 총명한 모습이 도무지 믿기지 않는 듯했다. 한 달 사이에 옥림이는 훌쩍 커 있었다. 더 이상 옥림이는 말썽꾸러기 골목대장이 아니었다.

다음 날, 열다섯 명의 아이들이 한 달 동안의 짐을 꾸렸다. 짐 속에는 옷가지들과 천자문 책이 있었고, 한 달 동안의 추억과 아쉬움이 가득 들어 있었다.

처음 청학동에 도착했을 때처럼 아이들과 부모님들은 마을 입구에 모였다.

"아이들이 너무 대견스러워요."

"자기밖에 모르던 녀석이 글쎄 '키워 주셔서 감사합니다' 라고 인사를 하는 게 아니겠어요?"

"한 달 사이에 얼마나 의젓해졌는지 몰라요."

부모님들은 끼리끼리 모여 아이들을 흐뭇하게 바라보았다. 또 아이들은 아이들 나름대로 마지막 인사를 나누었다.

"잘 지내야 돼. 보고 싶을 거야."

"내년에 꼭 여기서 다시 만나자, 알았지?"

아이들은 서로의 손을 잡고, 또는 부둥켜안고 한동안 아무 말도 하지 못했다.

그 가운데에는 옥림이와 재문이도 있었다. 재문이의 눈에는 벌써부터 눈물이 글썽거렸다.

"우린 같은 서울에 사니까 또 만날 수 있을 거야, 울지 마."

"옥림아, 보고 싶을 거야. 헤헤."

웃는 소리를 내는 것과는 달리 재문이의 눈에서는 눈물이 하염 없이 떨어졌다. 옥림이도 한 달 동안 늘 자신의 옆에 있어 준 재문 이와 헤어지려니 몹시 슬펐다.

그때 훈장님과 수윤이가 나타났다.

수윤이도 울었는지 눈가가 빨갛게 부어 있었다.

"한 달 동안 수고 많으셨습니다. 모두들 그리울 거예요."

수윤이는 말을 잇지 못했다. 곧 이어 훈장님의 말씀이 있었다.

"그렇습니다. 모두들 한 달 동안 수고 많으셨습니다. 부디 이곳 에서 배운 것들을 잊지 말고, 살면서 힘든 일이 있을 때는 매운 회 초리 맛을 기억하세요. 정신이 번쩍 들 겁니다. 허허."

훈장님의 농담에 울던 아이들도 폭소를 터뜨렸다. 그러다가 다 시 슬픈 표정을 지었다. 숙제를 하지 않았다던가, 그날 배운 것을 다 외우지 못했을 때 훈장님께 맞았던 회초리조차도 그리운 표정 이었다.

"학교에서는 공부 열심히 하는 착한 학생이 되고, 집에서는 부모 님께 효도하는 바른 어린이가 되세요."

그리고 눈물의 이별식은 끝이 났다.

모두들 훈장님께 꾸벅 인사를 하고 하나 둘 엄마, 아빠의 손을 잡고 버스에 올랐다.

옥림이도 엄마의 손을 잡고 버스에 올라탔다. 그리고 창문 밖을 내다보며 수윤이를 찾았다. 수윤이는 애써 옥림이를 외면하고 있었다.

"수윤아! 수윤아!"

옥림이는 애타게 수윤이를 불렀지만 수윤이는 끝내 옥림이를 쳐다봐 주지 않았다. 아마도 수윤이는 계속 울고 있는 듯했다.

순자와 그의 제자들

순자의 대표적인 제자로는 법가 이론을 집대성한 한비자와 진시황의 분서갱유를 주도한 이사가 있습니다.

이사는 본래 초나라 한 지방의 아전 출신인데 순자에게 제왕의 학문을 배웠습니다. 그리고 어느 정도 학문적 성취를 이루자 자신의 뜻을 펴기 위하여 진나라로 갔습니다. 진나라에 도착한 이사는 당시 재상이었던 여불위를 통하여 객경의 벼슬까지 얻게 되지만, 모함을 받아 지위를 박탈당하기도 하였습니다. 그러나 상소문을 올려 위기를 모면하고 벼슬을 회복하였으며, 20여년 후에는 진나라가 천하를 통일하는 데 큰 공을 세워 재상의 지위에 오르게 되었습니다.

시황이 몇 년 후에 죽고 환관 출신 조고의 농간으로 맏아들 부소 대신 호해가 왕위에 오르게 되었습니다. 이에 이사 자신이 예상한 것처럼 그의 처지는 쇠락의 길을 걷게 됩니다. 결국 이사는 처형되고 삼족은 멸망하게 되었습니다. 이 시기에 조고의 횡포가 얼마나 극심했는지를 알 수 있는 고사가 '사슴을 가리켜 말이라 한다'는 뜻의 지록위마(指鹿爲馬)입니다.

한비자는 어려서부터 말을 더듬었지만 이사가 스스로 자신의 문장은 한비자를 따르지 못한다고 고백할 정도로 글을 짓는 데 뛰어났습니다. 한비자는 조국인 한나라의 국력이 쇠약해짐을 보면서 여러 차례 상소문을 올렸습니다. 하지만 그것이 채택되지 못하자 방대한 저술로써 자신의 의지를 피력하고자 하였습니다. 당시 어떤 사람이 한비자의 글을 진나라에 전파하였는데, 마침 진시황이 그 가운데 몇 편을 보고 "과인이 이 사람을 만나 보고 함께 교유할 수 있다면 죽어도 한이 없겠다"고 하였습니다. 이에 이사는 한비자가 사신으로 오도록 유인하기 위해 한나라를 협박하여 두 사람이 만날 수 있도록 주선하였습니다. 그러나 진시황이 한비자와 대화하면서 흡족해하자 이사는 자신의 지위에 위협을 느끼게 되고 결국 한비자를 모함하여 가두고는 끝내 독살하였습니다.

이처럼 이사가 자신과 동문수학하였던 한비자를 살해한 것은 완전히 유가의 도를 위배한 것입니다. 결국 선배 개혁정치가들과 마찬가지로 순자의 제자인 이사와 한비자도 삶을 순탄하게 마감하지 못하였습니다.

인간과 만물이 다른 점

제자백가 가운데 유가는 인간을 도덕적인 존재로 봅니다. 태어나면 서부터 인의예지와 같은 도덕을 갖고 있다고 보았으며, 이러한 점에서 만물과 구분된다고 하였습니다. 반면에 묵가에서는 인간을 노동 하는 존재로 보았습니다. 일을 하고 그에 대한 대가를 받고 보람을 느낀다는 것입니다. 한편 순자는 인간을 사회적 존재로 보았습니다. 사람은 태어나면서부터 혼자일 수 없고, 따라서 더불어 살기 위해서는 반드시 예의와 같은 규범이 필요하다고 본 것입니다. 한편 순자는 천지 만물은 기로 구성되지 않은 것이 없다고 합니다. 다만 구성 요소에 따른 차별이 있으며 사람이 가장 완전한 존재라는 것입니다. 이것을 정리하면 다음과 같습니다.

물, 불: 기
풀, 나무: 기+생명
짐승: 기+생명+지식
사람: 기+생명+지식+예의

능참과 화성기위 – 자연의 극복

순자의 기본 사상은 인간과 자연, 인위적인 것과 자연적인 것, 인간과 하느님의 관계에 대한 명확한 구분을 통하여, 각각의 법칙성과 인간(인위적)의 주체성을 확보하고 양자를 통일하는 것입니다. 순자에 의하면, 당시인들이 두려워하는 천둥, 번개 등의 자연현상은 인간사와 무관한 자연법칙일 뿐입니다. 따라서 인간은 그러한 자연법칙을 이해하고 그것을 통해서 자연현상을 극복해야 된다는 것입니다. 예컨대 기우제를 지낸다고 해서 오지 않을 비가 내리는 경우는 없다고 지적하였습니다. 오히려 저수지를 만들어 가뭄을 대비하는 것이 인간의 당연한 도리라고 보았습니다. 이렇게 인간과 자연을 명확히 구분하고 인간 중심의 입장에서 양자를 통일하고자 하는 것을 '능참'이라고 합니다.

순자는 인간과 자연을 구분하는 방식을 인간 내부에도 그대로 적용하였습니다. 다시 말하면 인간의 자연성과 인위성을 구별하는 것입니다. 여기서 인간의 자연성이 바로 그의 성악설로 표현되며, 인위성이란 교육이나 환경 등의 영향과 인간의 인위적인 노력을 말하는 것입니다. 따라서 순자의 성악설은 인간의 본성이 모두 악하다는 주장이 아니라 인간의 자연적인 욕망을 그대로 인정해야 된다는 주장일 뿐이며, 그러한 자연적인 욕망을 토대로 정치 윤리학을 재정립할 것을 요구하는 내용입니다. 이렇게 인간의 자연성과 인위성을 혼동하지 말고 명확히 구분한 뒤 자연성(성악)을 극복함으로써 양자를 통일

시키고자 하는 것이 '화성기위' 입니다.

오관(감각기관)과 마음의 관계

순자는 사람도 자연계의 일부로서 형체를 지니게 되고, 형체로부터 정신을 지니게 되며, 희노애락 등의 감정이 깃들게 된다고 보았습니다. 순자는 사람의 인식 기관을 설명함에 있어서도 분리와 통일이라는 도식을 그대로 적용했습니다. 예컨대 눈, 코, 귀, 입, 신체는 각각 접촉하는 대상을 갖고 있지만 서로 간섭할 수 없으므로 천관이라 하고, 마음은 오관을 다스리기 때문에 천군이라고 하였습니다.

이처럼 순자는 먼저 인간의 감각기관과 사유 기관을 분리하고 각각의 역할을 분담시키고 있습니다. 오관의 역할만으로는 혼란이 야기될 수 있기 때문에 마음은 오관을 통제하고 오관이 받아들인 감각 자료를 분석, 종합하는 기능을 하는 것입니다. 이러한 작용을 '징지' 라고 합니다.

에필로그

길기만 하다고 생각했던 한 달간의 청학동 생활은 아쉬움만 남긴 채 이렇게 끝이 났어요. 저는 아쉬운 마음을 안고 서울로 올라와야만 했지요. 그토록 오고 싶었던 집이었는데 왜 이렇게 낯설기만 한 건지요.

저는 다시 청학동으로 돌아가고 싶었어요. 다시 재문이와 마당에서 뛰어놀고 물장난도 치고 싶었지요. 무엇보다도 수윤이와 마주 앉아 다시 공부를 하고 싶었어요. 큭큭, 저도 이런 제 자신이 믿어지지 않아요. 엄마와 아빠도 한 달 사이에 부쩍 어른스러워졌다면서 좋아하셨어요.

아참, 수호는 어떻게 되었냐고요?

제가 어떤 장난을 쳐도 웃으면서 다 받아 주던 착한 수호는 얼마 전에 깁스를 풀었대요. 이제 또 다시 저와 뛰어놀 수 있을 거라면서 좋아하고 있대요. 정말 착한 친구지요?

왜 저는 제 주변에 있는 소중한 부모님과 친구들의 마음을 아프게만 했던 것일까요? 생각만 해도 부끄러워요.

이제 개학이 일주일 남았답니다. 일주일 동안 무엇을 할 거냐고요? 또 장난칠 궁리를 하고 있는 것 아니냐고요?

큭큭.

아니에요. 저는 소중한 친구를 집으로 초대했어요. 누군지 말 안 해도 아시겠지요?

일주일 동안 청학동 댕기동자에게 서울 구경을 실컷 시켜 줄 계획이에요. 물론 재문이도 함께요!

이번 여름방학은 저에게 평생 잊지 못할 소중한 시간들로 남을 거예요.

띵동 띵동.

어머, 벌써 도착했나 봐요. 저는 그럼 이만 나가볼게요. 청학동 댕기동자가 서울에서 길이라도 잃어버리면 큰일이잖아요?

통합형 논술
활용노트

01 순자는 "하늘의 운행에는 일정한 법칙이 있다. 요임금 때문에 있는 것도 아니고, 걸임금 때문에 없어지는 것도 아니다"고 하였습니다. 이처럼 순자가 인간과 외부 자연을 구분하는 이유는 무엇일까요?

02 순자는 "하늘에는 때가 있고, 땅에는 재물이 있으며, 사람은 그것을 다스릴 수 있는 능력을 갖고 있다. 이것을 일러 능참이라 한다. 그 참여할 수 있는 근거를 버리고 참여를 바라는 것은 잘못이다"라고 하였습니다. 순자가 말하는 인간과 자연의 통일은 어떠한 의미를 갖고 있을까요?

03 순자의 철학은 한마디로 '서로 나눔과 통일의 논리'입니다. 구체적으로는 인간과 자연을 구분한 뒤 통일하고, 인간의 자연성과 인위성을 구분한 뒤 통일하며, 개인과 사회를 구분한 뒤 통일하는 것입니다. 그렇다면 무엇 때문에 먼저 구분할 것을 강조한 것일까요? 또한 그것은 우리에게 어떠한 의미를 제시할까요?

04 순자의 성악설이 진나라의 통일과 법치에 기여한 점에서 보면 순자 역시 법가처럼 보이는데, 어떠한 점에서 그를 유가라고 주장하는 것일까요?

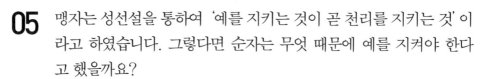

05 맹자는 성선설을 통하여 '예를 지키는 것이 곧 천리를 지키는 것' 이라고 하였습니다. 그렇다면 순자는 무엇 때문에 예를 지켜야 한다고 했을까요?

06 맹자와 순자는 같은 유가이면서도 성향에 차이가 있었습니다. 어떤 차이점이 있었을까요?

통합형 논술
문제풀이

01 고대인들은 일식, 월식, 유성 등 자연현상의 출현과 가뭄이나 홍수 등 자연재해의 발생에 대해 재앙이 내릴 징조라고 생각하여 두려워하였습니다. 순자는 "그것은 천지·음양의 변화로서 드물게 나타나는 현상일 뿐이므로 두려워하는 것은 잘못이다"라고 지적했습니다. 그러한 현상은 어느 시대, 어느 장소에서나 있을 수 있는 일이기 때문입니다. 순자가 인간과 외부 자연을 구분한 것은 당시 사람들이 믿고 있던 미신을 비판하기 위해서였습니다. 하지만 순자는 미신을 완전히 배척하기보다는 문화 행사로 인정해 주었습니다. 미신을 통해 원하는 것을 이룰 수 있다고 믿지는 않았지만, 그것으로 사람들의 마음에 위안을 얻을 수 있다면 가치가 있다고 생각했기 때문입니다.

02 순자는 인간과 자연의 통일을 세 가지로 나누었습니다. 그 첫 번째는 인간과 외부 자연과의 통일입니다. 인간과 외부 자연은 서로 다른 것이지만 그렇다고 해서 자연을 그대로 방치하고 살

수는 없습니다. 자연의 법칙을 이용해 자연을 극복해야 하는데, 이러한 사상이 순자의 능참 사상입니다. 두 번째는 인간과 내부 자연의 통일입니다. 인간의 내부 자연인 본능을 내버려 두어서는 사회를 유지할 수 없습니다. 자기가 하고 싶은 대로 한다면 사회가 혼란스러워지기 때문입니다. 순자는 교육과 수양 같은 인위적인 노력을 통해 본능을 극복해야 한다고 주장했습니다. 이것이 바로 화성기위설입니다. 세 번째, 눈, 코, 귀 같은 인간의 감각기관은 보고, 냄새 맡고, 듣는 등의 기능을 할 수 있습니다. 하지만 모은 자료를 종합하여 추리하는 능력은 없습니다. 오직 마음만이 종합하고 추리하는 능력을 가집니다. 이러한 종합 능력을 순자는 징지, 즉 밝은 인식이라고 하였습니다.

순자가 주장하는 이 세 가지의 인간과 자연의 통일에는 인간의 노력으로 자연을 극복할 수 있다는 의미가 담겨 있습니다.

03 어느 한쪽이 일방적으로 제압하거나 무조건 순종하여서는 진정한

통일을 이룰 수 없습니다. 통일은 각자가 서로의 다름을 긍정한 이후에 가능한 일이지요.

순자가 보기에 인간이 자연(신)에 대해 맹목적으로 순종하거나, 자연(신)이 인간에 대해 무조건적으로 신뢰하기는 어렵다고 생각했습니다. 그것을 전제로 해서 현실 세계에 존재하는 인간의 독립성을 확보하기도 어렵다고 생각했지요. 또한 서로 돕고 의지한다는 사실을 전제로 하지 않는 통일의 논리는 오히려 양극화를 가져올 수 있다고 보았습니다. 가정이나 사회관계에 있어서 각자의 특색 없는 '조화' 나 무조건적인 '통일' 의 지향은 이른바 '같으면서도 조화를 이루지 못하는 것' 이며, 이것은 반발을 일으킬 소지가 될 수 있습니다.

순자의 사상은 오늘날 우리의 현실에 시사하는 바가 큽니다. 현재 만연된 계층 간의 갈등이나 집단 이기주의, 지역 갈등, 노사 갈등 등의 문제를 단순히 덮어 버리는 식의 일시적 해결에 집착할 것이 아니라 각각의 개체성과 다양성을 인정하는 전제로부터 미래의 통일을 위한 적극적인 계기로 삼을 수 있어야 할 것입니다.

04 순자가 살던 시대의 중국은 통일을 눈앞에 두고 있었습니다. 하지만 이 통일은 진나라의 무력에 의한 것이었지요. 순자는 법이나 힘만 가지고 천하가 통일되고 유지될 수 없다고 보았습니다. 진나라가 통일된 지 15년 만에 무너진 것은 순자의 생각이 적중한 것이었습니다. 순자가 법가를 비판하는 핵심적 이유는 바로 여기에 있습니다. 통일하기 위해서는 법도 필요하고 힘도 필요하지만, 법과 힘의 원천은 어디까지나 사람이며, 사람 가운데에서도 군자라는 것입니다. 법가는 사람도 법 앞에서는 종속된다고 하였지만, 순자는 사람의 위치는 어디에도 종속시킬 수 없는 고귀한 것임을 강조하고 있습니다. 이런 점에서 순자는 공자의 철학을 계승한 유가 사상가라고 주장할 수 있습니다.

05 순자가 말하는 예는 맹자처럼 천(자연)과 연계되는 선천적 도덕관념이 아니라 인간과 사회의 필요에 의해 생성된 사회규범입니다. 순자는 인간을 다른 사물과 구별할 수 있는 본질을 예의라

는 규범과 사회성에서 찾고 있습니다. 또 '예'의 기원을 일정한 사회에서 사람의 무한한 욕망과 현실적으로 제한된 재화를 조절하는 데에서 비롯된 것으로 설명합니다. 사람의 본성이 악하다는 의미는 사람이 예의 법도에 어긋나는 각종 정욕을 갖고 있다는 것입니다. 이러한 열악한 본성의 존재는 정치 사회적으로 본다면 극복의 대상입니다. 사람의 본성은 이익을 좋아하고 해로움을 피합니다. 그러다 보니 제한된 의식주 문제를 둘러싸고 싸우게 되고 결국에는 혼란을 가져올 수 있게 됩니다. 순자의 예는 금수와의 차별성에 기초하면서 궁극적으로는 사회적 통합을 이루기 위한 것이었다고 할 수 있습니다.

06 첫 번째, 맹자와 순자의 활동 시기는 100여 년의 차이가 납니다. 맹자가 활동하던 시기는 약한 나라가 강한 나라에 의해 쉽사리 잡아 먹혀 버리는 혼란한 시기였고, 순자가 활동하던 시기는 통일을 필연적으로 받아들일 수밖에 없는 때였습니다.

두 번째, 맹자와 순자는 자연에 대한 이해도 달랐습니다. 유가 사상의 근본적인 문제의식은 인간의 자유에 대한 욕망과 공동체 유지의 양면성을 어떻게 극복할 것인가입니다. 극복 방법에 대해 맹자는 인간의 주체성 확보와 강화를 중요하게 생각하여 자연과 삶을 연계시켰습니다. 하지만 순자는 자연과 사람을 연계시키면 오히려 사람이 자연에 종속될 수 있으므로 완전히 분리해서 보아야 한다고 주장했습니다. 또한 자연의 법칙에 휘둘리는 것이 아니라 법칙을 인간의 삶에 이용해야 한다는 능참 사상을 주장하였습니다.

세 번째는 인간에 대한 이해의 차이입니다. 맹자는 인간이 선천적으로 선할 수밖에 없다고 생각했습니다. 맹자에 의하면, 인의예지와 같은 네 가지 덕이나, 측은지심, 수오지심, 사양지심, 시비지심은 모두 사람이 선천적으로 갖고 있는 것입니다. 이에 비해 순자는 인간은 선천적으로 악하다고 여겼습니다. 따라서 인간의 자연스러운 욕망을 긍정해야 현실(춘추전국시대의 혼란한 현실)을 제대로 이해할 수 있고, 그에 대한 대처 방안이 나올 수 있다고 주장

하였습니다. 하지만 욕망을 제어할 수 있는 능력도 사람이 가지고 있다고 봅니다. 그러므로 순자의 성악설은 인간의 모든 측면을 악으로 규정한 것이 아니라 인간을 이해하기 위해 제시한 하나의 관점이라고 보아야 합니다.

네 번째, 정치, 교육에 대한 이해가 달랐습니다. 유교에서 정치와 교육은 별개의 문제가 아닙니다. 맹자는 정치와 교육을 인간이 선한 본성을 자연스럽게 드러내는 것이라고 보았고, 순자는 상대적으로 인간의 자연적 인 본성을 개조하는 일이라고 보았습니다.